1300社が導入した
日本型ジョブディスクリプション

Job Descriptions

Japanese Style

ENTOENTO代表
松本順市

日経BP

1300社が導入した日本型ジョブディスクリプション

この人事制度が日本企業を強くする

はじめに

この本は、「ジョブ型雇用とメンバーシップ型雇用、どちらがいいのか論争」に片をつけた本です。

最近、「ジョブ型雇用」「メンバーシップ型雇用」という言葉がよく語られています。この2つの言葉は2008年頃から登場した言葉ですが、なぜか近頃になって取り上げられることが急激に増えました。

すでにジョブ型雇用に着手している企業もあるでしょう。「ジョブ型雇用にしたほうがいいのだろうか」と検討している経営者や人事担当者もいると思います。これから数年間、「ジョブ型雇用とメンバーシップ型雇用」というテーマでさまざまな議論が生まれるでしょう。なぜなら、今、経営環境が劇的に変化しているからです。それも、悪いほうに。

バブル崩壊のときもそうでした。リーマンショックのときもそうでした。今回は新型コロナウイルスです。経営環境が悪化する、つまり多くの企業が不況に陥るとき、必ずと言っていいほど人事の仕組みに関わる議論が巻き起こります。

なぜなら、企業の根幹は人だからです。そして大手、中小と規模によって程度に差こそありますが、会社運営の大きな費用の一つが人件費です。大体、粗利益の3〜7割を人件費が占めています。だからこそ、「このままだと会社が危ない」と思ったときに、

「業績を上げてくれる人が欲しい」

「業績を上げてくれるように成長してほしい」

「業績を上げてくれないなら、見合うように賃金をカットさせてほしい」

「業績を一向に上げないこの社員……辞めてくれないかな」

と考えるのです。

ですが、業績を上げてくれる人を採用するのも、業績を上げられるように育てるのも「難しい」「大変だ」というイメージがあります。どれだけ試験や面接をしたとしても、会社に入ってからでないと、その人の実力や本当の人となりは分かりません。

家族だって何かを教えるときに苦労するのに、ましてや会社で成長させるのは赤の他人です。人を育てるということの苦労がどれほどのものか……。

それに比べれば、「あなたはこれだけしか稼げていないし、これだけしか仕事ができな

いのに、支給されている給料が多いからカットさせてね」と言うほうが、相手に突きつけられる事実があるだけ簡単なように思えます。

そして、そのときの名目としてあるものを利用します。人事の仕組みです。評価の仕方を変えます。賃金の決め方を変えます。昇進昇格の制度を変えます。キャリアアップの制度を変えます。雇用の仕方を変えます。（この仕組みにのっとって決めたときに賃金が変わること、時には下がることもあるけれど受け入れてくださいね）

本当に言いたいのは、最後の隠された一文――という会社も現実には少なくありません。仕組みが変わったことを盾に、社員の納得を得ようとするのです。

もちろん、うまい話には落とし穴があります。一時はそれでうまくいったように思えたとしても、往々にして社内にさらなる問題を発生させます。なぜなら、表面上うまく誤魔化しただけで、根本の問題を何も解決できていないからです。臭い物に蓋をするがごとく誤魔化した問題は、中で腐敗を続け、最終的には爆発し、想像以上の被害を生みます。

でも、本当に賃金を下げたいのでしょうか。辞めさせたいのでしょうか。企業において人のことで悩んでいる人、特に経営者の真の想いはこうでしょう。

「業績を上げてくれるように、みんな一人一人が成長してほしい。成長してくれたらそれに見合うだけの賃金を出したい」

誰だって、賃金を下げたいとは思っていません。人を辞めさせることが愉快な人もいません。ですから、そうならないように解決することをまずは考えてください。そして、なぜ、社員が成長しないのか。その根本となる原因を探り、手を打つのです。

人事の問題の解決方法は企業によって、同じ企業でも部署や部門によって、そして経営者の考え方によっても異なります。それを十把一絡げに「○○型がいい」「○○制度がいい」と語るのは、あまりにも乱暴なことだとお分かりいただけるでしょう。

では、まっさらな状態から解決策を考えなければならないかというと、そんなことはありません。今企業で起きている人事の問題は、これまでも、そしてこれからも基本的には大きく変わりません。なぜなら、人事の問題は「人の心」の問題だからです。

「頑張った分だけ評価されたい」
「頑張った分だけ高く処遇（昇給・賞与・昇進・昇格）されたい」
「人間関係に悩みたくない」

ここから実際にどのような問題として発現するかはさまざまだとしても、根本はこの3つです。この3つの対処の仕方さえ知っておけば、いくらでも応用ができます。

私はこれまで40年以上、人事の問題を解決するための仕組みづくりを「社員の成長」という側面から研究・実践・指導してきました。

その基本となる考えを最初にまとめたのは、アルバイトからそのまま正社員として入社した、ある町の魚屋に勤務していたときです。

社員の立場でこの本を読まれている人の中には、信じられない人もいるかもしれませんが、日本には社員のことを本当に大切に想っている経営者がいます。その魚屋の経営者もそうでした。でも、私が入社した当時、社員の目にはそうは映っていなかったでしょう。

当時は、人生を半分諦めた人が応募に来ました。しかし、生まれた瞬間から人生を諦めている人はいません。諦めてしまうまでには、それぞれに何らかの理由がありました。

経営者と社員、私は幸運なことにその間に立ち、双方の率直な悩みや意見を聞くことができました。なぜ経営者は、そのように社員を評価したり処遇したりするのか。それを受けた社員はどのように考えるのか。どうしたら経営者と社員の想いが重なるのか。

双方が笑顔になれる道を探して奔走しました。だからこそ、経営者も社員も納得できる人事の仕組みづくりができたのです。

結果、人生を諦めていたはずの社員までもが力を発揮し、この魚屋は株式を店頭公開するまでになりました（その後東証二部上場を経て、現在は東証一部上場）。しかも、長時間労働もサービス残業もなくなり、週休二日制になり、中小企業ながら大手企業と比べても遜色のない賃金をもらいながら、です。6K、具体的には、きつい・危険・汚い・給料が安い・休日が少ない……そして「臭い」と言われていた頃が思い出せないくらいです。

現在はこの仕組みを多くの企業に実践してもらうべく、コンサルティングをしています。2003年から続く集合研修型コンサルティング「成長塾」を軸に人事の仕組みづくりを指導し、2021年3月現在で開催は199期、指導実績は1301社に上ります。1301種類の人事制度をつくりました。

ご相談いただく方は北海道から沖縄まで、時に海外で経営をされている方からのご相談を受けることもあります。新型コロナの問題が収まっていない現在は、全国を飛び回ることはできませんが、Ｚｏｏｍを活用してコンサルティングをしています。

これだけの数の企業に浸透しているのは、それが有効な仕組みだからです。「〇〇型」というようなお仕着せの一律制度ではなく、社員の成長を可視化するための考え方であり、ツールです。詳しくは本書でおいおい説明していきますが、それは、日本型のジョブディスクリプション（職務記述書）と呼べるものです。

その会社にとって、どんな人事の仕組みがよいかは一概には言えません。大切なことは、「社内にある真の問題とは何か」を探し出し直視すること。そして、それに対して正しく手を打つ方法を知り、実践することです。

その問題によっては、ジョブ型雇用を取り入れることも悪いことではありません。ジョブ型雇用にもメンバーシップ型雇用にもそれぞれメリット、デメリットがあります。悪いのは、「流行っているから」「大手企業が取り入れているから」「○○という企業で成功しているから」と、無節操に取り入れることです。

病院に行ったときのことをイメージしてください。同じ病気だからといって、治療法や処方される薬は同じでしょうか。花粉症の薬一つ取っても、持病、その他に持っているアレルギー、症状の程度、生活環境などによって薬は違います。

人事に関して課題があるのは、会社が病気になっているということ。そう考えると、トレンドなどに左右されることが、いかにおかしなことか。

あなたが経営者なら、会社の社員の立場になって、問題の所在をしっかり考えてみてください。人事の問題をどのように捉えるか、どのように解決すればいいのかという基本的なこと、本質的なことを押さえ、会社の健康を保てる仕組みをつくってほしい。

1社でも多くの企業が、経営者、社員ともに笑顔で働ける仕組みづくりを実践されることを願っております。

2021年4月

株式会社ENTOENTO
代表取締役　松本順市

はじめに 2

第1章
ジョブ型雇用の限界 17

就職と就社 19
なぜ、高齢社員の賃金は高いか 21
テクノロジー人材の枯渇 23
ソサエティー5・0で必要な人材 25
寿司ネタセットは誰が考えたか 27
日本の病院はジョブ型雇用？ 30
スカウト人事の難しさ 32
中途採用面接で増える「嘘」 36
職務記述書でどこまで見抜けるか 38
環境変化で始まる制度論議 41
テレワークの評価に悩む会社 45
何をどう評価するかが決まっていない 47
同一労働同一賃金の前提 48

賃金の歴史から考える 53
職能給の誕生 56
昇格テストで能力は分からない 59
バブル崩壊で生まれた成果主義 61
ジョブ型雇用は書き直しが手間 64
多能工が生産性向上に寄与してきた 68
良い職務記述書、悪い職務記述書 70

第2章 日本型雇用の問題の本質

日本型雇用の問題の本質 73
隠れ蓑にされた「年功序列型」 74
「働かないオジサン」問題 76
①成長してもポストがない 77
②役職が定年制となった 78
③等級とポストがひもづいている 81
雇用システム自体の問題ではない 84
職能資格制度の曖昧さ 87

目標管理制度を生んだ成果主義 90
「目標設定が低い」という相談 93
目標が低い社員の心理 94
達成率か、貢献度か 96
「何をしてほしいのか」を明確にする 98
社員の目が輝いていない 99
社員育成の不十分さ 101
歩合給には手を出すな 103
社会問題を引き起こす歩合給 105
賃金が増えなければ上司にならない 107

第3章 日本型ジョブディスクリプションのすすめ

第3章 日本型ジョブディスクリプションのすすめ 111
褒めたら伸びることを検証する 112
叱られているようなベルの音 115
小さなことでも褒められたい 117
褒めることを決める 119

優秀な社員の行動を可視化する　121
褒めることを整理する　123
褒めるための基準をつくる　126
取り組む順番を決める　128
成長要素をまとめたシートをつくる　134
努力で変わる数字で評価　138
社長の頭の中にあるものが正しい　141
優秀な社員の基準は会社によって違う　143
教えることを評価する　146
「ダメな社員をください」　148
職場の人間関係が良くなる　151
あるゲームメーカーの事例　152
「言わなくても分かる」は幻想　154
評価のフィードバック　157
「あなたは優秀になりたいですか」　159
賃金モデルを社員に示す　161

第4章 既存の人事制度をパワーアップする 163
年功序列型賃金の問題解決法 164
「会社には絶対電話しないでください」 166
職能資格制度の問題解決法 169
職能資格基準書は頻繁に見直す 173
成果主義の問題解決法 175
目標管理制度の問題解決法 178
歩合給の問題解決法はあるか 182
成果の高い社員は何をしているか 184

第5章 不毛な人事制度論争との決別 189
ジョブ型に安易に飛びつかない 191
少子高齢化といかに向き合うか 194

副業と成長シート …… 196
テクノロジー人材専用の成長シート …… 198
働き方改革は生産性改革 …… 201
日次で生産性を見る …… 203
テレワークの評価 …… 206
通常指標を強引に当てはめない …… 210
デイリーマネジメント …… 212
人事部の社員は現場を回ろう …… 214
日本型職務記述書をつくろう …… 217
経営上の問題をスピーディーに解決 …… 219

おわりに …… 221
経営者の皆さんへ …… 224
社員の皆さんへ …… 229
専門家の皆さんへ …… 236

第1章

ジョブ型雇用の限界

「ジョブ型雇用」というのは、日本的な雇用である「メンバーシップ型雇用」に対して、欧米型の雇用システムを表現する言葉です。

日本における経営環境の変化や人事上の問題を背景に、さまざまに論じられているこのジョブ型雇用ですが、端的に言えば、ジョブディスクリプション（職務記述書）を作成し、その職務内容に基づいて必要な人をその内容に見合った金額で採用する手法のことです。

同じジョブ型雇用でも、解雇が容易で個別交渉が主流の米国型と、労働者に対する保護が手厚く、容易に解雇できないドイツなどの欧州型とではかなり異なります。

日本では、ジョブ型雇用のイメージとして語られるのは米国型です。「企業対個人」という様相が強く、「自分はこんなこともできる！」とボスと個別交渉をして契約を結びます。米国のテレビドラマのワンシーンを思い浮かべる人もいるでしょう。

そのため、キャリアアップは社員個人の問題です。自分自身で今以上に難しい職務をこなすために技術を磨き、その会社で報酬の高い職務に志願するか、転職をしてキャリアアップを目指していきます。

また、米国は日本や欧州に比べて解雇がしやすいという特徴があります。契約した職務がなくなれば、解雇をすることが可能です。

対する欧州型は業種別労働組合の影響が強く、社員と企業の交渉に関わってくるため、米国型のような企業と個人だけの個別交渉というわけではありません。また、賃金の決定は、基本的には職務に応じた報酬であるものの、年功が加味される職能給的な部分が考慮される国もあります。

労働者保護も強いため、職務がなくなっても社員を即解雇することは不可能です。そういった背景もあり、職務がなくなった場合はまずは社内における異動が検討されますが、それだけではなく組織への長年の貢献度などが評価される面もあります。

就職と就社

ジョブ型雇用と言っても、欧州型は日本の雇用形態と似ている面もあるのです。

それでは、ジョブ型雇用とメンバーシップ型雇用の違いは一体何なのかと言えば、ジョブ型が職務に対して人を付ける「就職」であるのに対して、メンバーシップ型は人を採用してから職務を付ける「就社」という表現が分かりやすいでしょう。雇用の起点が、職務ありきか、人ありきかという違いです。

メンバーシップ型雇用は、まず初めに人の採用を考えます。メンバーシップ型雇用の象徴として「新卒一括採用」が挙がりますが、そうして一度に採用した社員を異動や転勤、ジョブローテーションを繰り返しながら、企業に貢献する人材に育成していきます。

他にも「年功序列型賃金」「終身雇用」などもメンバーシップ型の特徴です。日本の雇用システムに後から名前を付けたようなものなので、詳しく説明せずとも日本の最も主流となっている雇用システム、と言えばイメージできるでしょう。

どんな仕組みでもそうですが、時代環境によっていろいろな課題が出てきます。昨今のジョブ型・メンバーシップ型論争においては、新卒一括採用などの日本的な人事制度が時代環境に合わなくなってきたことが問題とされています。人事制度とは、一般的には評価制度、昇進・昇格制度、賃金制度など人に関わる仕組み全体を指します。

具体的に、メンバーシップ型雇用がどんな問題をもたらしているとされるのか、主なものを列挙しましょう。

「年功序列型賃金による高齢社員の賃金の肥大化」
「重要な仕事をしていても若年社員の賃金が低いこと」
「社員の成長意欲の低さ」

「優秀なグローバル人材・高度なテクノロジー人材を採用できないこと」

「専門性の高い人材が育ちにくいこと」

「日本企業の国際競争力の低下」

まだほかにも世間で言われていることはいろいろありますが、それほどまでに、日本企業の人事制度は末期的状況なのでしょうか。

なぜ、高齢社員の賃金は高いか

年功序列型賃金による高齢社員の賃金の肥大化は、経済が右肩上がりの時代には大きな問題にならなかった賃金の決め方です。

社内の誰かと比べて、自分の毎月の賃金や昇給、賞与が少なかったとしても、毎年確実に増えていくことが約束されているのであれば、社員はそれほど大きな不満に感じることはありませんでしたし、むしろ安心を与えるものでもあったでしょう。

ただ、自分が成長したり挑戦したりしなくても賃金が増えていくため、「これくらいもらえるのであれば生活に困らない」という水準に達すると、成長をやめる社員が生まれてしまいました。成長意欲の低い社員の誕生です。それが評価以上に賃金をもらっている高齢社員を生む結果となったのです。

日本企業の場合、管理職になれなかった人でも、大卒で入社した50代正社員の賃金は初任給の2倍以上になりました。大企業も中小企業もそうです。『人事の成り立ち』（海老原嗣生・荻野進介著、白桃書房）によれば、欧米では昇進を重ねた一部の上位役職者の年収はぐんと増えますが、習熟による上がり幅はせいぜい20％と言います。

日本では新人とベテランでは同じ職であっても、業務の内容が変わります。プレーヤーで一人前になった社員にマネジメントをさせるという考えが強いからでしょう。そのため、若年社員は重要な仕事をしていても、急に高い賃金が支給されることはありません。ただ、「賃金は後から付いてくる」という言葉が象徴しているように、成長に合わせて後から少しずつ増えてくるため、最終的には賃金が2倍以上になるのです。

また、ここは重要なポイントですが、そのような人事制度にしたのは、仕事内容を可視化していないからでもあります。若手社員の重要な仕事がどれほど組織に貢献しているものなのかが明確にできないため、ベテラン社員や先輩社員よりも賃金を増やすことが困難だったのです。重要な仕事をすることは「挑戦」であり、「挑戦する社員は成長する」として、挑戦を美徳とすることで評価を誤魔化してきた面もあります。

それでも高度経済成長期は、若手社員はベテラン社員たちを見ながら「自分もいつかはあのようになれるのだ」と信じて仕事ができたでしょうが、バブル崩壊後に賃金の上昇が止まると、その夢がはかないものであったことに誰もが気づいてしまいました。

頑張ってもその分が賃金に反映されず、褒められることもなければ、努力は無駄だと成長意欲を落とすのは当たり前です。これは年功序列型だけの問題ではなく、後で説明する職能資格制度の機能不全や成果主義による組織の崩壊などにも原因があります。

テクノロジー人材の枯渇

語学堪能で海外ビジネスの経験が豊富なグローバル人材や、インターネット、AI（人工知能）などに高い知見を持つテクノロジー人材を採用できない問題はどうでしょう。

テクノロジー人材は、世界的に見ても特に獲得競争が激化しています。企業の生産性向上には、IT、AI、IoT（モノのインターネット）、ビッグデータの分析、DX（デジタルトランスフォーメーション）など、さまざまな技術・発想が必要だからです。

新しいテクノロジーが起こす第４次産業革命を、自社に取り込むことができるかどうか。これは生産性だけの問題ではなく、企業の存続発展に大きな影響を与えるでしょう。それまで大きかった産業が、産業革命によって消えていった歴史を私たちは知っています。

だからこそ優秀なテクノロジー人材を、従来の賃金制度の枠組みを大きく超えて、高額の賃金を支給してでも採用したい。それは、経営者の正直な想いでしょう。ＤｅＮＡやグリーなどのＩＴ企業が打ち出した、エンジニア職の優秀な新卒には年収１０００万円を出すという衝撃のニュースが話題を集めたのは、２０１１年のことでした。

私は、拙著『「即戦力」に頼る会社は必ずダメになる』（幻冬舎・２００９年）で、中小企業が人手不足を背景に即戦力を求めて中途採用を繰り返すことが、労働分配率の悪化につながることを指摘し、社内教育の重要性を強調しました。しかし、最先端のテクノロジーの知見を持つ人材に関しては、社内教育にも限界があります。

ただし、現行の日本企業の賃金制度では、優秀な若年社員にさえ、高い賃金が支給されないのですから、高度なテクノロジー人材を在職社員よりも高い賃金で採用することは困難です。結果、人材が国外に流出し、国際競争力の低下を招いています。

そこでジョブ型雇用が、これらの問題点を万事解決できる特効薬のように期待されています。日本におけるジョブ型雇用の定義もきちんと定まっていないのに、「ジョブ型が良い」「メンバーシップ型のままではいけない」など、バブル崩壊後に沸き起こった成果主義の熱狂さながらの議論が飛び交っているわけです。

ソサエティー5・0で必要な人材

経団連は、来るべき「ソサエティー（Society）5・0」の時代において必要となる人材を採用するためには、これまでの雇用形態ではなく、ジョブ型雇用こそが望ましい、という提言をしています。

※ソサエティー5・0とは、日本の科学技術政策の中で生み出された考え。科学技術基本計画では、ソサエティー5・0を「サイバー空間（仮想空間）とフィジカル空間（現実空間）を高度に融合させたシステムにより、経済発展と社会的課題の解決を両立する、人間中心の社会（超スマート社会）」と位置づけた。狩猟社会（ソサエティー1・0）、農耕社会（ソサエティー2・0）、工業社会（ソサエティー3・0）、情報社会（ソサエティー4・0）に続く、「創造社会」とする。

企業がこれからの時代に実現したいことを打ち立て、そのために必要な人材を明確化し、採用の方法も必要に応じて見直していこうということに関しては、大いに賛同します。ただし、やはりそれを「ジョブ型雇用への転換」という一言に置き換えてしまうことについては疑問が残ります。ジョブ型雇用にすれば、誰でも簡単に、まるでドラえもんやスティーブ・ジョブズ氏のような人も採用できるように読めるからです。

メンバーシップ型雇用の問題の本質は、仕組みそのものの問題というよりは、その機能不全によって生じたものと認識しています。必要なのは問題を整理し、その問題に対する解決方法を講じていくことです。これからの時代に必要となるのが「想像性・創造性の高い人材」であり、そのような人材が現状では社内にいないとして、それは、ジョブ型雇用という雇用形態にすれば解決する話なのでしょうか。

現在、世界的なテクノロジー人材の不足という問題があり、その需要と供給の関係で採用金額は青天井と言えるほどに上がっています。これから社会に出ようという若者の中には、当然これからの時代に必要とされる専門分野に特化した知識や技術を身につけようという人もいるでしょう。

その人材が企業に必要な知識や技術を持ち、成果を上げられるのであれば、それに見合った賃金が支払われることには何の不思議もありません。会社の中で成長段階に応じて賃金が支払われることと同じです。その意味では、一律の初任給での新卒一括採用という流れはなくなっていくのかもしれません。

ただし、その人材が社員となった企業において最も重要なのは、その社員が取り組む職務の列挙（ジョブディスクリプション）とそのランク付けなのでしょうか。

私は、その後の社員育成こそ、重要な意味を持つように思えてなりません。

寿司ネタセットは誰が考えたか

企業は社会への貢献度に応じて大きくなっていきます。企業が自社のサービスや商品を通じてどのような社会貢献をしていくかは、企業の経営理念に通じるところであり、社員が一丸となって向かうべき方向性でしょう。その心を育てることも教育です。

また、これからの時代には専門分野に特化した人材、想像性と創造性に富んだ人材が必要だとして、そんな人材をまとめ上げ、企業としての指針を示す責務を担うのはどのような人物でしょうか。企業の方針をきちんと動機づけることなしに、高い技術だけを求めても全く意味はありません。

また、現状で社内に高度なテクノロジーがないとすれば、テクノロジー人材を採用したら、その高い技術を社内に広げて根づかせてほしい、また、その社員自身にもさらなる成長を遂げてもらいたいと考えるのではないでしょうか。

ジョブ型雇用には社員育成という考え方はありません。私は日本の企業は社内での社員育成を絶対に捨てるべきではないと考えます。現状でジョブ型雇用と言われる雇用形態に安易に舵を切れば、それを捨ててしまうことになりかねません。

一方でメンバーシップ型雇用では、一括採用からの社員育成がぬるま湯のような状態をつくり、社員の成長意欲を低下させると言われています。つまり、本当に改革すべきは社員育成のあり方なのです。

想像性や創造性として求められているものは、インスピレーションのように突然降りてくるようなイメージがありますが、私は今現在、会社にあるやり方にのっとって優秀になった社員の行動のその先で見つかることも多いと考えます。なぜなら、現場の声によく耳を傾けることで、最も成功率の高い新規事業の種を見つけられるからです。

例えば、私の前勤務先では、鮮魚小売事業の次に始めたのが、寿司ネタセットの販売です。これを新規事業（寿司事業）にしました。当時は今のように一皿100円の回転寿司などはありませんでした。ですから、よく店頭で「この魚のサクを寿司ネタの形に切ってもらえませんか。できれば厚く切ってください」と頼まれていました。

寿司ネタの要望が多いということは、寿司ネタにシャリを付けて、お寿司として販売したら売れるはずという確実なニーズの存在を確認した上で、新規事業として寿司事業を行うことになりました。そして、大成功を収めました。それは顧客ニーズをよく知っている社内の人間を集め、「どのように寿司事業を行うか」を自分たちで考えて取り組んだからに他なりません。もしもこのとき、新規事業のスペシャリストに目標や取り組み方もすべて丸投げしていたら、成功はできなかったでしょう。

最も成功率の高い新規事業の種は、そのようにして現場でこそ見つけることができます。特に大きく環境が変化する時代はそうです。新規事業で失敗しないためには、顧客のニーズに対応する商品・サービスを開発する方法がベストです。変化した顧客のニーズには現場でしか触れることができないからです。

そして、それを見つけて成功に導くことができるのは、長年現場で顧客のニーズに応えようと仕事に取り組んできた社員に他なりません。その新規事業の種を見つけ出せる人材は、社内での成長の結果、想像性や創造性を発揮したと言えます。

優秀であることをきちんと認めれば、優秀な社員の成長は止まりません。常により良いやり方はないかと考えるようになります。

また、「教えることは二度学ぶ」という言葉があります。その優秀な社員に自身の優れたやり方を社内で共有化するという社員育成をしてもらうことで、その社員自身もさらに育つという不思議な法則があるのです。これは『遺伝子オンで生きる』（村上和雄著、サンマーク出版）を読んでいただければ分かる通り、科学的にも証明されているようです。つまり高度なテクノロジー人材も、社員育成の文化を継承し、他の社員にも教えることで、さらに優秀になってくれる可能性があるのです。

繰り返しますが、ジョブ型雇用に社員育成という考え方はありません。採用面でジョブ型雇用に舵を切ることになっても、日本の企業文化である社員育成の文化は捨てず、日本独自のジョブ型雇用のあり方を見いだす必要があるでしょう。

それは世界に例のないことです。

日本の病院はジョブ型雇用？

職務記述書を作成していないので厳密なジョブ型雇用ではありませんが、職務に対して専門的な人材をピンポイントで採用することは、実は日本でも行われています。

それは病院です。

病院では、ドクター、看護師、レントゲン技師、血液検査技師など、一つの組織の中でさまざまな専門スタッフが役割分担をしています。ドクターが少なくなったらドクターを、レントゲン技師がいなくなったらレントゲン技師を、ピンポイントで採用します。そして、それぞれの職種ごとに賃金表があり、異動はありません。

ドクターは病院の中で最も賃金が高い職種ですが、そのことに対して他の職種メンバーは普通、異を唱えません。病院の職種の中でドクターの難易度は高く、貢献度が大きい仕事である、だから賃金が高くて当然だと思われているからです。

病院の事例が示すように、高度な専門性を持った人材の採用は、確かにメンバーシップ型にはなじみにくいかもしれません。

ジョブ型雇用を活用し、その人に提示する職務の難易度が高く、また社内貢献度が大きければ、これまでの賃金制度を適用しない高い金額で採用したとしても、既存の社員はそれに納得するように思えます。

リスクはあります。高額報酬での採用が広まれば、青天井で相場が上がるかもしれない。

採用できたとしても、その賃金が職務に見合わないと判断した有能な人材は、簡単に外部に流出してしまうかもしれない。すでに、賃金が高い会社に転職することが頻発している業界もあります。ジョブ型雇用で仕事をする内容が明らかになれば、情報が常に比較でき、転職に対する敷居はますます低くなるでしょう。

必要な人材をとどまらせるために、その職務の難易度などではなく、需要と供給の関係によって賃金を上げざるを得ないというのは、経営者としては考えたくない現実です。ジョブ型雇用にすれば、高度な技術や知見を持った人材を採用でき、会社側が望むまで定着してくれるかというと、それほど簡単な話ではないのです。

スカウト人事の難しさ

優秀な人材を高賃金で採用すること自体は以前からあります。スカウト人事です。中小企業の場合、スタッフ職のマネジャークラスをスカウト人事で採用することがよくあります。組織は普通、社員が増えてくると部門が分かれて役割分担されていきます。最初に部となるのは、営業部、製造部、工事部などの前線チームです。彼らを支援する組織として人事部、総務部、経理部、法務部などが生まれます。これがスタッフ職です。

規模が小さいときは、経営者がスタッフ職の責任者を兼務することが多い。全体の従業員数が100人以上になった頃から、社員の採用・教育や日々の資金繰りなどに1人で対応することが難しくなり、誰かに任せようとします。しかし、現場のプレーヤーはいても、部長など管理職層に見合う社員が、社内にいることはまれなのが現実です。

社内にいないとすれば、外から入れるしかない。そう考えて行うのがスカウト人事です。人材紹介会社からの紹介などが一般的でしょう。

例えば大企業での人事部長経験者なら、「年収1000万円を保証すれば採用できます」などと言われ、最初はその金額に驚きます。しかしそれが世間相場だと説明を受けると、そうなのかと思ってしまいます。

高い賃金で採用した社員が、それに見合うだけの能力を持っていればまだ良いでしょう。万が一、その職務をする能力がなかったとしたら最悪です。現実に、「こんな高い金額で採用するのではなかった」と頭を抱えて後悔する経営者を、私は何度も目にしてきました。彼らの共通点は、面接のミスです。

ある経営者と話していたときのことです。最初の相談内容は別のことだったのですが、ふと、人事部長をスカウトすることになったという話題が出ました。

「今度、私の右腕となってくれるような人事部長をスカウトすることにしました。昨日ちょうど、紹介された人と面談したんです。話を聞けば聞くほど、すごい人だなと思いました。紹介してくれた人材会社に感謝ですよ」

どれくらいすごい人なのだろうと、詳しく内容を伺いたくて質問しました。そして、その答えに、私は椅子から転げ落ちそうになりました。

「もう、とにかくすごいんです。すごすぎて、私では何を言っているのか全く理解できませんでした。こんなすごい社員に、ぜひ我が社に来てもらいたいです。これでうちはすごい会社になれます。楽しみです」

私は冷静に尋ねました。

「社長の右腕となる人事部長が、何をするか分からない状態で大丈夫ですか」

その経営者は3秒ほど黙ってから「確かに……」と答えました。そこで、あることを書き出してもらい、その方を再度面接してもらうことにしました。

あることとは次の内容です。

①人事部長としてどのような成果を上げてもらいたいのか
②そのためにどのような業務を行ってもらいたいのか
③そのために身につけてもらう知識や技術は何か
④どのような勤務態度で働いてもらいたいのか

その経営者は、①について「労働分配率を改善してもらいたい」と言いました。そして②は「人事制度の構築・運用です」と言いました。そうして業務内容を整理して書き出した上で、再度面接してもらったのです。

面接後、経営者から電話をもらいました。

「先生、ありがとうございました。最初の質問をしただけで、私の見当違いであることが分かりました。『あなたには入社後、労働分配率の改善に取り組んでもらうことになります。あなたはどのような方法で労働分配率を改善しますか』と尋ねたんです。そうしたら、返ってきた答えに私は唖然としました。

『出来の悪い社員の賃金を下げれば、労働分配率を改善できます。評価と賃金が一致していない社員の賃金引き下げに取り組みましょう。それで3～5％ぐらいは一気に労働分配率が下がりますよ』

社員の賃金を下げるなんて、とんでもない。それをしたくない、でもこのままの業績じゃ苦しい。だから、なんとか社員が成長できるようにしたいと悩んでいるのに。危うく考え方が合わない人を入れてしまうところでした。本当にありがとうございました」

私に電話をした後、丁重にこの方にお断りを入れたそうです。

中途採用面接で増える「嘘」

応募者が正しく返答してくれればいいのですが、その保証はありません。良い処遇を獲得しよう、何よりも採用してもらおうと、できないことも「できる」と言って入社した中途社員が、実は全く仕事ができなかった、ということも珍しくありません。

ある住宅販売会社では、このようなことがありました。

営業社員を中途採用したときのことです。辞めてしまった中核社員の補充が目的だったため、高い成果を上げてくれる社員が欲しい、という状況での採用でした。

「辞めた社員が上げていた成果と、同等以上の成果を上げてくれる、いい人を見極めたい」。経営者がそう考えるのは当然のことでしょう。

そのような気持ちで面接すると、優秀な社員を頭の中でイメージして、相手を質問攻めにすることはよくあります。このときの経営者もそうでした。

「あなたはどのくらい成果を上げる自信がありますか。できれば、契約棟数は年間で最低でも6棟は上げてもらいたいと考えています」

その質問に応募者は次のように答えました。

「そのぐらいであれば簡単です。私ならばもう少し多く契約できます」

その発言に経営者は、にっこりして質問を続けました。

「当社はモデルハウスがあるので、モデルハウスに来られたお客様に営業することになります。そのような営業はしたことがありますか」

応募者は力強くうなずきます。

「それなら前の会社でもやっていました。得意中の得意です。ぜひ、私にやらせてほしいです」

経営者はうれしくなりました。そして次から次へと質問します。

「今の当社の力では難しいのですが、今後、○○のような営業活動をしたいと考えています。できますか？」

「できたら部下も指導してもらいたい。できますか？」

「それでは○○分野の知識をあなたは持っていますか？」

「これはどうですか？　あれもどうですか？」

応募者はそれらすべてに「Ｙｅｓ」と答えました。経営者は驚きを隠せません。これは逃してはならぬと思い、最後にこう告げたのです。

「あなたの希望する賃金は月25万円ということでしたが、あなたのような優秀な社員であれば月35万円出しましょう」

応募者は少し考えた様子を見せてから、笑顔を見せてこう言いました。

「分かりました。そこまで私に期待していただけるのであれば入社させていただきます」

その日、「すごい社員が入ってくるぞ～」と社内でうれしそうに話していた経営者の顔が曇るのに、1カ月とかかりませんでした。面接時に「できる」「知っている」と話していたことが、嘘だったと気づいたからです。

職務記述書でどこまで見抜けるか

経営者はだまされたと腹が立ったそうですが、おそらく応募者には少しも悪意はなかったでしょう。本当のことを話したら、その時点で面接を打ち切られてしまうことは分かり切っています。加えて、言っているほどには仕事ができないことがはっきりすれば、採用後にはなかなか賃金が上がらないだろうから、できるだけ高い金額で採用されたい。ですから、頑張れば何とかなるという気持ちで「Ｙｅｓ」と答えるしかないのです。

つまるところ、会社側の面接の仕方、採用の仕方が間違っているわけですが、35万円という金額を決めたのは経営者であり、今さら「あなたの仕事の状況であれば、25万円に下げさせてほしい（それでも高いくらいだ……）」とは口に出しにくいものです。法律上も、賃金カットにはさまざまな制約があります。

このことは経営者と応募者だけの問題ではなく、他の社員にも波及していきます。なぜなら、誰かから「あの中途社員は35万円をもらっているらしい」と必ず漏れるからです。「あれしか仕事ができないのに」と不平不満が噴出します。この会社でも、現実に賃金の額を知った他の営業社員が経営者に賃上げの交渉に来たそうです。

優秀な社員が欲しい。経営者なら誰しもがそう考えています。しかし、本当に優秀かどうかは、入社してからでないと分かりません。入社前に面接で仕事ぶりを完璧に見抜き、金額を決めることは不可能と言わざるを得ないでしょう。

さらに日本では、その社員を辞めさせることはおろか、賃金を下げることすら難しいのです。前述した通り、米国のジョブ型であれば、解雇は比較的簡単にできます。職務に見合う能力がないと判断すれば、契約違反として辞めさせてしまえばよいだけです。

しかし、日本ではそれができません。職務遂行能力がなくても解雇はできず、異動などによって別の職務で生きる道を模索させることが企業側に求められます。

ジョブ型雇用では、必要な能力を持つ社員がいない場合は、積極的に社外から募ることを目指しているようです。それは企業の競争力を高める上では、理にかなっているかもしれませんが、社員の力をどこまで正確に見極められるかにかかっています。

職務記述書を作成すれば、見極められるのでしょうか。あなたはその社員が、その職務を的確に遂行できるかどうか、職務記述書の何を見て判断しますか。職務記述書さえつくれば大丈夫というのは甘い考えです。そんな魔法のような力はありません。

社員の賃金は、入社後に仕事の様子を評価してから本決定するものです。その方法を確立しなければ、永遠にこの問題から脱却することはできません。

環境変化で始まる制度論議

新しい人事制度が話題となるときには、必ずと言っていいほど「大きな環境変化」があります。バブル崩壊もそうですし、新型コロナ禍もそうです。

変化の大小にかかわらず、完璧に予測することは不可能です。大手企業ですら一気に利益を失います。その状況をうまくくぐり抜けるための具体策を明確に描けないならば、企業存続のために短期的に打つ手は経費削減です。

「販売費及び一般管理費」の中で、通常一番高いウエートを占めているのは人件費です。バブル崩壊後、日本で急速に市民権を得た成果主義も、経営環境の悪化による人件費削減を正当化するため、「成果に応じて賃金を決める正しい賃金制度」として使われました。

ある卸売業A社の経営者も当時、業績の悪化に伴い成果主義を導入しました。大幅な赤字の原因は、売り上げの減少に伴って下がる変動費ではなく、固定費でした。中でも人件費が重くのしかかっていました。そんなとき、成果主義をテーマにしたセミナーが盛んに開催されるようになり、祈るような気持ちで参加したのです。

人件費を社員の納得するかたちで削減できる——経営者はそう思いました。経営者として間違っていないはずだとも考えていました。

高い成果の社員には高い賃金を出す。成果が低ければ高い賃金は出せない。

このことを理解できない社員はいないだろう。賃金を維持するため、成果を上げる努力をしてくれるはずだ。

しかし、期待通りにはなりませんでした。それどころか、逆に業績を悪化させる結果となったのです。

確かに、一部の社員はこれまでよりも高い成果を上げました。しかし、多くの社員がこれまでよりも成果を落としていたのです。

今までなら社内で誰かが成果を上げたとき、周りに他の社員が集まってきて、そのやり方を聞くのが当たり前でした。聞かれた社員も誇らしげに「このように変えたのが良かった」とか「ここがポイントになる」と何も隠すことなく話していました。

ところが成果主義を取り入れてから、成果の高い社員がそのやり方を他の社員に教えなくなったのです。成果の低い社員が、今まで以上に成果を上げられなくなっただけではありません。職場の雰囲気が一気に悪化しました。

「あいつは成果を独り占めしようとしている嫌なやつだ」

「もう、あいつのお客さんから電話がかかってきても取り次ぐのをやめよう」

「そもそも、なんで営業社員しか成果を見てもらえないの。資料をつくったのは営業サポートをしている私なのに。協力なんてもうしたくない」

気づけばお客様からのクレームの電話も増えていました。

「話が違う。説明された通りになっていない」

後から分かったことですが、成果を伸ばしていたある社員は、お客様に過大すぎるセールストークを使い、半ば強引に成果を上げていたのです。

この経験を振り返り、経営者はこう語ってくれました。

「あのときに、経営者として学んだことがあります。高い賃金を餌にしても、社員が勝手に、自律的に成長することはないということです。

みんなが成果を上げたいと思っていた。でも、何をすればいいのかが分からずに苦しんでいた。それを助けるのではなく、私は『自己責任で取り組め』と突き放したのです。

その後、成果主義をやめることにしましたが、やめたからといって一度壊れた人間関係はすぐに戻りません。高い成果を上げていた社員の一部は人間関係の悪化から退職したり、成果主義をやめたことで賃金が下がることに納得できないと辞めたりしました。もちろん、成果が上がらなかった社員、営業以外の社員にも退職者が続出しました。

業績を上げるどころか、会社を続けられないかもしれないとさえ思いました。何より、社員からの信頼を取り戻すのは並大抵のことではありませんでした。もう二度と、あのようなことは繰り返したくないです」

「成果を上げろ」と言われて上げられるのであれば、最初から成果を上げています。経営者だって「業績を上げろ」と言って上げることができるなら苦労しないでしょう。

本書執筆時点では、新型コロナ禍の影響で多くの企業が売り上げを落としています。この問題がいつ収束するかは予測がつかず、仮にコロナの影響がなくなったとしても元通りの状況に戻ることはないだろうと言われています。しかし、それではニューノーマル（新常態）がどういう状況なのかと聞かれれば、誰にも確実なことは言えません。

企業を存続させるためには、人件費を調整する必要があると考えるのは不思議ではありません。ジョブ型雇用を採用し、賃金に見合う職務をしていない社員の賃金を下げたいと考えている経営者もいるはずです。ただ、ジョブ型を導入すれば、勝手に社員が危機感を持って成長するわけではないことは、成果主義の失敗が教えてくれています。

テレワークの評価に悩む会社

新型コロナの影響によって、日本にも一気に在宅勤務などのテレワークが普及しました。多くの会社は事前の体制づくりに十分な時間をかけられなかったため、悩みを抱えています。最も大きな問題は「テレワークの社員をどう評価したらいいか分からない」でしょう。部下の働いている様子を上司が直接見ることができないからです。

今までは同じオフィス内で勤務態度や仕事の進捗などを確認できましたが、テレワークではそうはいきません。提出される成果物はあれど、そこに至る仕事ぶりがほとんど見えなくなってしまいました。そこで登場するのが、ジョブ型雇用で使うジョブディスクリプションというわけです。職務記述書を作成すれば、社員の業務範囲が明確になり、評価がしやすくなるだろうという見立てがあるのでしょう。

確かに、多少はそうした効果が見込めるかもしれません。しかし、職務記述書の作成にはそれなりの労力が必要です。一つの職種について、業務を細かく挙げれば200項目以上あると言われています。ジョブ型雇用を導入している国でも、職務記述書をどこまで細かく記すかという点はさまざまですが、忠実に業務をすべて書き出し、分類して難易度を決め、それをもとに賃金を決めようとすれば、簡単なことではありません。

ジョブ型雇用の国では、それぞれの職務の市場価格がある程度明確です。単純に職務記述書の内容だけで採用するのではなく、その市場価格を考えながら、賃金が決められます。会社が違っても、職務が同じならば大きく賃金が異なることはありません。必要な人材を、それにふさわしい賃金で採用できる環境が整っています。

しかし、日本にはそれがありません。それぞれの会社で独自に設定していくことになります。その職務に求められる成果、そのための具体的な職務内容や必要な知識・技術・スキル、求められる経験、職務遂行時の態度、そしてそれに対する賃金を決める必要があります。会社にはいろいろなジャンルの職務がありますから、職務記述書別に賃金表を構築する必要があります。これまで日本にはなかった賃金表ですので、構築しても社員に納得してもらうには時間がかかるでしょう。

このように大きな労力をかけなければなりませんが、これが整備されなければ、全社的な導入はできませんし、テレワークの評価の適正化も実現できません。ましてやその仕組みの中では、社員が自己研鑽のために社外のセミナーや研修に参加して、今まで以上に難易度の高い職務をこなした場合、それに対する評価、賃金アップをその都度求めてくることになります。いわゆる、年間を通しての個別交渉のスタートです。

今後は一人一人との交渉によって賃金が決まることになります。交渉のうまさによって賃金が左右される理不尽さを感じる場合もあるでしょう。また、職務記述書に記載のない仕事が発生し、どうしてもその人に依頼しなければならなくなったらどうしますか。すべてジョブ型雇用を導入した企業の責務です。

何をどう評価するかが決まっていない

このように職務記述書をつくり、それに合わせた賃金表をつくる作業、見直しの作業は一体誰が行うのでしょうか。従業員が30人に満たないくらいの会社では、経営者が人事部長を兼務しています。人事部長に相当する役職を任命するのは、従業員規模では最低でも50人、通常では100人規模です。テレワークの評価だけを目的に職務記述書を作成するのは、規模の小さい会社にはとても割に合いません。

テレワーク下で、どう評価や指導をしたらいいのか分からないという上司の悩み。

テレワーク下で、どのように評価されているか分からないという社員の悩み。

実は、これはテレワークによって新たに発生した問題ではありません。

私は「成長塾」という人事制度構築の集合研修型コンサルティングで、1301社（2021年3月末時点）を指導してきました。その「成長塾」に参加した経営者は、ほぼ全員が「社員の何をどう評価するかが決まっていない」という悩みを抱えていました。テレワークの評価の問題は、日本企業が今まで、スタッフ職（経理・人事・総務など）に期待する成果を曖昧にしてきたことの延長線上で発生した問題なのです。職務記述書をつくりさえすれば、テレワークの評価問題が解決するものではないのです。その前に、社員の何をどう評価するかを定めなければなりません。

同一労働同一賃金の前提

2020年4月（中小企業は21年4月）から、「同一労働同一賃金」が始まりました。正規、非正規の違いによって賃金を変えることはできません。仕事の内容が同じであれば、同じ賃金を支給しなければならなくなります。パートだから賞与がない、退職金がない、住宅手当がない、家族手当がないということは認められません。

仕事が同じであれば同じ賃金、仕事が違っていれば違う賃金、というのは至極当たり前のことです。ただし、ここで問題になるのが「この仕事と、あの仕事が同じである」ことが正しく評価できるかどうか、です。

例えば、同じ営業の仕事でも成果は違います。成果の大きさが違えば、営業社員の賃金は違います。正規社員だけに限って考えても、それは当たり前のことです。そこには明確に「やっていることの違い」が存在します。そしてそれは成長段階の違いでもあります。しかし、どれだけの企業がこの「やっていることの違い」を説明できるでしょうか。

ジョブ型雇用には、そもそも正規や非正規といった考え方がありません。新人やベテランといった成長段階があるという考え方も、基本的にはありません。そこには自分に課せられた職務と、それに対する報酬があるだけです。

職務記述書の内容にもよりますが、成果を考慮しないのであれば、営業活動をする営業社員全員が「同一労働をしている」と言われて、同一賃金になることもありえます。高い成果を上げている社員は思うでしょう。「もう頑張るのをやめよう」。もしくは「会社を辞めよう」。

そもそも同一労働同一賃金を正しく行うためには、同一労働の内容を明確化した上で、正規・非正規という雇用形態があることに納得してもらわなければならないのです。そうでなければ四方八方から、さまざまな不平不満が飛び交うことになるでしょう。

非正規社員は言うでしょう。

「同じ営業職で営業をしているのだから、同じ賃金にしてほしい」

同じ賃金にしたならば、今度は正社員が言うでしょう。

「同じ賃金ならば転勤したくない」

こんな問題がモグラ叩きのように噴き出す未来が目に浮かびます。

まずは「やっていることの違い」を説明できるようにすることが第一歩です。それで全員が同じ業務に取り組んで、同じ成果を上げられているという前提に立って、初めて同一労働同一賃金が正規、非正規の雇用形態の違いの話になります。

正規、非正規の名ばかりで処遇に差をつけることは言語道断です。正規、非正規は自分で選ぶ働き方なのです。

残業ができなければ、そして休みを増やしていれば、異動ができなければ、その一方で残業をして週5日働いて、転勤している正社員と処遇に違いがあることは当たり前のこととして納得できるでしょう。同一労働の内容を明確化した上で、働き方の選択という意味をもって正規・非正規という雇用形態があることに納得して働いてもらえます。

しかし、ここでさらに考えなければならないことがあります。

全く同じ業務を同じやり方で取り組んで、同じ成果を上げているＡさんとＢさんが、同じ労働条件のもと、同じ部署で働いていたとしたら、賃金を同じにすることが同一労働同一賃金なのでしょうか。

一見すると、それのどこに問題があるのか分からないかもしれません。

しかし、もしもＡ社員がＢ社員に、その業務のやり方を教えていたとしたらどうでしょうか。同一労働同一賃金の名のもとに、２人の賃金が全く同じになってしまうのだとしたら、Ａ社員は思うでしょう。

「二度と誰にも成果の出るやり方を教えない」

そこには、日本企業の雇用を長年支え続けてきた社員育成という文化があります。

新卒一括採用という採用方法は、後述する賃金制度の歴史でも触れますが、奉公人制度の流れを汲んだ日本ならではのやり方です。まだ何の経験も知識もない社員を採用し、会社の中で一から教育していくのです。

ジョブ型雇用にはその考え方がありません。教育はそれを専門に行っている教育訓練会社やセミナー、研修に自分で通わせることで行います。そして職務にランクがあり、それに十分な力量を認められれば報酬が支払われます。

「教える」に対する文化の違いです。

もちろん、職務記述書に「あなたの仕事は○○の指導です」と明記されれば、ジョブ型雇用でも教える職務に取り組むでしょう。しかしそれと、自身が経験の中で身につけてきた仕事のやり方やコツ、勤務態度を守ることの大切さを、後進のみならず同僚にさえ惜しみなく注ごうという「教える」では、様相が異なります。

成果主義によって蹂躙《じゅうりん》され、今や絶滅の危機に瀕していますが、日本の歴史を見るに、日本企業に合っているのは明らかに「教えない」ではなく「教える」なのです。

AさんとBさんの話に戻りますが、もしもAさんがBさんに仕事を教えることがなかったら、今と同じだけの成果が上がっていたでしょうか。おそらくBさんの成果は低かったでしょう。少なくとも同じだけ成果が上がるまでにもっとタイムラグがあったはずです。

社員教育が企業文化として根づいている日本だからこそ、社員を成長させて業績を向上させたいと思っている経営者が多い日本だからこそ、日本における同一労働同一賃金は、「教える」という行動に対する高い評価を盛り込まなければならないというのが、私の確固たる持論です。

賃金の歴史から考える

経済環境の変化、テクノロジー人材の獲得競争、テレワークの拡大、同一労働同一賃金の法制化。これらがジョブ型雇用に注目が集まる背景です。経団連もこれからの時代に向けて、従来の日本型雇用からジョブ型雇用への転換を提言しました。相前後して、日立製作所、富士通、資生堂といった大企業が続々とジョブ型雇用の導入を宣言しています。

グローバル化している企業にとっては、国境を越えてフレキシブルに働けるインフラづくりは必要ですから、日本型の雇用システムではなかなか難しいと考え、ジョブ型雇用をしようというのも理解できます。ただ、新聞や雑誌で「ジョブ型雇用」という言葉を目にする機会が増えたからといって、あるいは大手企業が導入を進めているからといって、「我が社でもジョブ型雇用を取り入れよう」と安易に決断するのは禁物です。その限界についてはこれまで見てきた通りです。

日本の賃金制度の課題を浮き彫りにするためにも、ここで賃金制度の歴史を簡単に振り返っておきたいと思います。

『日本の賃金を歴史から考える』（金子良事著、旬報社）によれば、そもそも日本で継続的に雇用されている労働者本人に対し、賃金を直接支払うようになったのは、明治以降のことだと言います。

それまで奉公人は、「仕着別家制《しきせべっけ》」として衣食住が保証される代わりに、貨幣的な報酬はほとんど支払われず、雇い主は、本人ではなく家人（多くは親）や保証人などに、雇用が始まるときに支払っていました。それが明治以降、賃金が直接支払われる工場労働者が出現し、他の職種にも広がっていきます。

その中で、「奉公人」とは別の「職人」の働き方が誕生し、これが後々の賃金の歴史に影響を与えていきます。プロジェクト単位で仕事を請け負う技術者集団です。彼らは親方請負制度によって受け取った報酬を、親方の裁量で分配されていました。親方が移動すると、その親方に付いて職人も一緒に移動します。

技術者が集団で遠くの地に移動してしまうと困るので、工場はこの技術者たちの移動を防ぐ必要がありました。そこで生まれたのが、現在は労働基準法で禁止されている強制貯金です。詳しい解説は省きますが、強制的に賃金の一部を天引きし、雇用契約期間の終了時に支払うものです。そして同じことを意図して明治30年頃に、査定なしの小刻みな自動の定期昇給が生まれました。とは言っても、この頃に奨励されていた勤続は3カ月～6カ月ほどだったようです。

この頃の職人の賃金は大きく分けて「日給（固定給）」と「出来高給」でした。出来高給は「個人」と「集団」に分かれています。前掲書で紹介されている事例を引用しますと、例えば紡績工場には、綿のかたまりから棒状の糸にする前紡工程や仕上工程があります。前紡であれば糸の長さや重さ、仕上工程であれば個数など、個人の仕事の成果が見えるため、個人出来高給が採用されていました。

一方、精紡工程では、設置したロールに糸がいっぱいになったらロールを交換する玉揚工、切れた糸をつなぐ糸継工、掃除を担当する人などがチームになって働いているために、個人の仕事の成果が見えづらくなっています。そのため、まずはチームに出来高給を分け、その後配賦基準を設けて個人に配分していました。

1930年代後半になって戦争が近づき重工業化が進んだことで、熟練工の奪い合いとなり、賃金が高騰します。同時に賃金格差の縮小や労働者の生活保障を目的に、出来高賃金でも最低額を保障する基本給的な考えが生まれました。

これが戦前の賃金制度の歴史です。戦後は米国の影響を受けつつ、独自に変化します。

職能給の誕生

戦後、賃金制度は大きな転換期を迎えることになります。

職能資格制度の発明です。

戦後の日本はまず、GHQ（連合国軍総司令部）に職務給を学びました。戦後復興を加速するための大きな原動力となるであろう「会社員」の働きを評価し、賃金を決めるためです。現在も存在している職務給ですが、当時は日本に取り入れにくいものでした。日本の賃金制度の大家である楠田丘《きゅう》氏は、著書『賃金とは何か』（中央経済社）の中で次のように書いています。

「電話帳みたいな職務給です。（中略）この仕事はいくら、仕事の内容はこうと。こんなものは日本ではだめだなと思いました」

日本では新人を採用すると、最初は先輩社員の雑務と思えるような難易度の低い仕事に取り組ませます。その中で仕事を覚えていきながら、徐々に難易度の高い仕事に取り組ませるという方法を取ります。つまり、同じ「○○職」だとしても難易度によって業務が分かれており、ベテランと新人では取り組む業務に違いがあるのです。だから、米国型の職務給がストレートには使えなかったのです。

ここは日本と欧米とが大きく異なるところです。日本では戦前から旧財閥企業を中心に新卒一括採用が始まりましたが、欧米には学校の卒業時期にまとめて採用するという考えがありません。基本的には事業の状況に合わせて採用します。そのため学生はインターンシップをしたり、公的な職業訓練制度によってスキルを身につけたりしつつ、中途採用に応募するのです。

そこで楠田氏が考えたのが、職務調査をもとにした職能資格制度と職能給でした。1970年、日本が「高度成長期」と言われていた時代のことです。日本では、その業務に取り組んでいるのはどんな熟練度の社員なのかを調査することで、社員を格付けし、賃金を決められるようにするほうが実態に即していると考えられたのです。

実際にその通りであったでしょう。日本では、新人とベテランでは同じ職に就いている としても賃金が異なることは当たり前です。

その実態に合わせて、新人とベテランの違いを「等級」というものを使って表現することに成功したのが職能資格制度であり、それは今に至るまで使われていることからも画期的な制度であったと言えます。ただし、その職能資格制度が現代まで当初の狙い通りに運用されてきたかと言えば、そうはいかなかった現実があります。

職能資格制度の運用には社員の能力を公平に判断すること、そしてどのようになれば能力が向上したと言えるのかを明確に示す必要がありますが、職務調査によって職能資格基準を作成した直後はそれらを判断することができても、環境が変わり、業務の内容や進め方が変われば、基準をつくり替えなければなりません。

職務調査には膨大な時間や労力がかかります。そのためどのように環境が変わっても適用できるよう、職能資格基準は曖昧な内容でつくられるようになっていきます。結局は年齢と勤続年数が増えることを職務遂行能力の向上と見なす年功序列型として、職能資格制度が運用されるようになりました。これが職能資格基準が形骸化してしまった原因です。

それにもかかわらず、職能資格制度を捨てることはできません。社員たちの納得が得られる何らかの方法で等級を決めなければならないからです。

昇格テストで能力は分からない

そこで企業が次に考えたのが、試験によって等級を上げることでした。ペーパーテストや面接によって能力を推し量ろうとしたのです。結果は言わずもがなでした。試験の点数が良かった、悪かったということは目に見える結果ですから、社員は表面的には納得せざるを得なかったのですが、ペーパーテストの結果と実務能力は必ずしも一致しません。知識を確認するなど、範囲を限定すればペーパーテストも有効です。しかし「仕事がどれくらいできるかどうか」は紙では計測不可能です。

『ソニー 会社を変える採用と人事』（中田研一郎著、角川学芸出版）は、ソニーで人事戦略を統括していた方がまとめた書籍ですが、著者が手掛けた人事改革の前は、例えば係長昇格試験は社内報から出題されることが決まっており、熱心に試験勉強をしていたのは暇な社員だったということです。

結果として、多くの社員が賃金に納得しないまま働いているのが現実です。人事制度も大きく影響していると思いますが、「熱意溢れる社員」の割合は、世界で最下位レベルとなるという驚きの結果（米国ギャラップ社の調査）も生まれています。

これでは等級は決められない

◉職能資格基準書の例

	1	2	3	4
総合	仕事に関する基礎的な実務知識・技能を有し、主として定型的な仕事を指示や要領説明を受けながら、正確に意欲を持って遂行する能力を有するもの。	仕事に関する一般的な実務知識・技能を有し、ある程度判断力を要する仕事についても、必要な指示を受けながら、正確・迅速に意欲を持って遂行する能力を有するもの。	仕事に関する高度の実務知識・技能を有し、分析・判断力を要する仕事についても、ほとんど指示を受けずに、創意・工夫を加えて確実に遂行するとともに、下位等級者に対して必要に応じて指導・助言ができる能力を有するもの。	業務に関する専門知識・技能と関連業務に関する基礎的実務知識を有し、職場に関する月間目標の推進などの業務を関係者との話し合い、その他必要な問題解決を行いながら意欲を持って遂行するとともに、下位等級者に的確な指導・教育ができる能力を有するもの。
知識・技能	仕事に関する基礎的実務・技能を有する。	仕事に関する一般的実務知識・技能を有する。	仕事に関する高度の実務知識・技能を有する。	業務に関する専門知識・技能と関連業務に関する基礎的実務知識を有する。
理解・判断力	仕事に関する指示・命令やミーティングの内容を理解できる。	仕事に関して、日常発生する問題について自主的に判断できる。	仕事に関する問題について、職場方針等に基づき高度な判断ができる。	職場方針に沿いながら、業務に関する問題の解決方法を判断できる。
企画・立案力	上司の指示のもとに、日常の仕事の処理方法について工夫ができる。	上司の指示のもとに、日常の仕事の改善に関する工夫ができる。	仕事に関する目標設定と、それを達成するための的確な手順・方法などを工夫できる。	職場の業務に関する月間目標達成の具体策を講じることができる。
折衝・調整力		上司の指示のもとに、関係者と話し合い、日常の仕事の問題解決ができる。	上司の指導のもとに、関係者と話し合い、日常の仕事の問題解決ができる。	業務に関して日常一般的に発生する事項について、関係者と話し合い、解決できる。
指導・統率力		下位等級者に簡単な助言ができる。	下位等級者にほぼ的確な指導・助言ができる。	下位等級者に的確な指導・助言ができる。
意欲・完遂力	仕事を正確に意欲を持ってやり遂げることができる。	仕事を正確・迅速に意欲を持ってやり遂げることができる。	職場目標達成のために、仕事を確実に意欲を持ってやり遂げることができる。	職場目標達成のために、業務上の問題を解決しながら、意欲を持って最後までやり遂げることができる。

※実在する複数の職能資格基準書をもとに、著者作成

職能資格制度の問題点を指摘しましたが、それでも、それまでの「年功」という曖昧なものではなく、業務の難易度などによって社員を等級に分け、これに合わせて職能給を変えるという考え方は、繰り返しますがあまりにも画期的でした。

そのために日本の賃金制度はしばらくの間、「どのように職能給表をつくるか」「どのように等級を決めるか」が主な検討内容となり、「○○式賃金制度」としてさまざまな手法が生まれていきます。

これは私の推測ですが、この頃から企業の側も、「○○式」という、型にはまった賃金制度を深く考えずに取り入れることが顕著になったのだと思います。

バブル崩壊で生まれた成果主義

賃金の歴史で、見逃せない大きな転換期がバブル崩壊です。戦後、右肩上がりで成長を続けてきた経済が大きく足踏みした1990年代。環境変化に合わせて賃金を「適正」に支給し、企業にとっては経営指標の一つである労働分配率を「適正」なものに保つためにはどのようにすればいいのか、社内で「内緒の議論」が始まりました。

適正というのは、会社から見たときの言葉であり、このときは賃金を正しく決めるということよりも、落ちた業績に合わせて人件費をいかにスピーディーに減少させるかということが、幹部管理職、特に人事部の仕事として課されました。

新型コロナの影響を受けている今もそうです。根本の問題は棚上げされ、労働分配率の改善のために、悪化した業績に見合うだけの賃金を下げる方法が模索されています。

バブル崩壊後であれば、その方法が「成果主義」でした。高度成長期には業績が右肩上がりでしたから、賃金をほぼ自動的に上げて、それが能力以上であったとしても問題にはなりませんでした。それが急激な業績悪化となった際に大きな負担となり、人件費を削減する必要性が生まれ、社員を納得させる方法として取り入れられたのです。

成果を上げた分だけ賃金を支給するのであれば、業績と連動するわけですから労働分配率が悪化することはありません。成果を上げたら、上げた分だけ支給されるというのは、社員にとっても一見して納得しやすいものではありました。

このように歴史を振り返ると、雇用形態の変化に合わせて、報酬の払い方も変わってきたわけですが、バブル崩壊以降の賃金制度の話題は「人件費をいかに業績に連動させるか」ということが議論の中心になってきました。

非管理職・管理職ともに、職能給の割合が多い

◉基本給の構成要素　（非管理職）

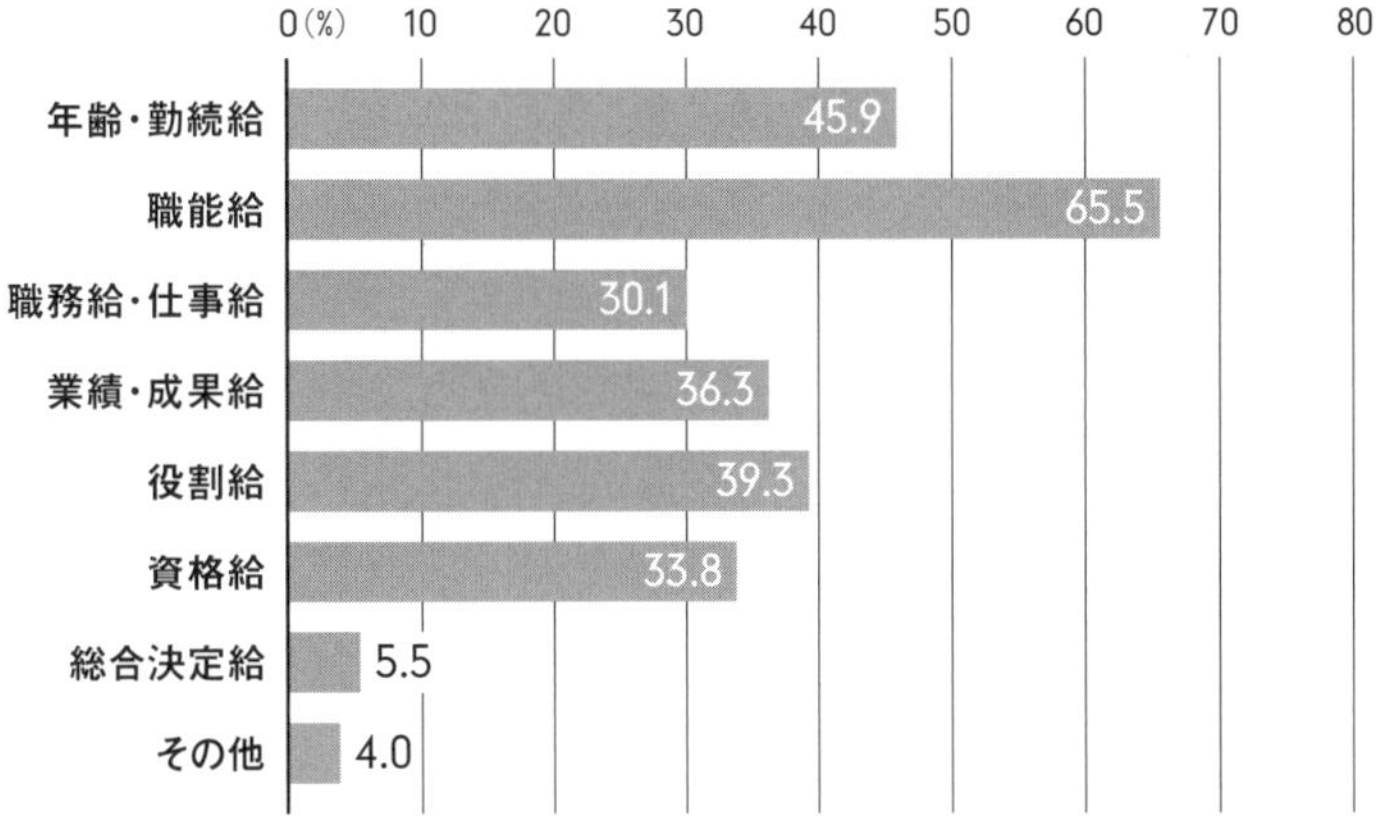

◉基本給の構成要素　（管理職）

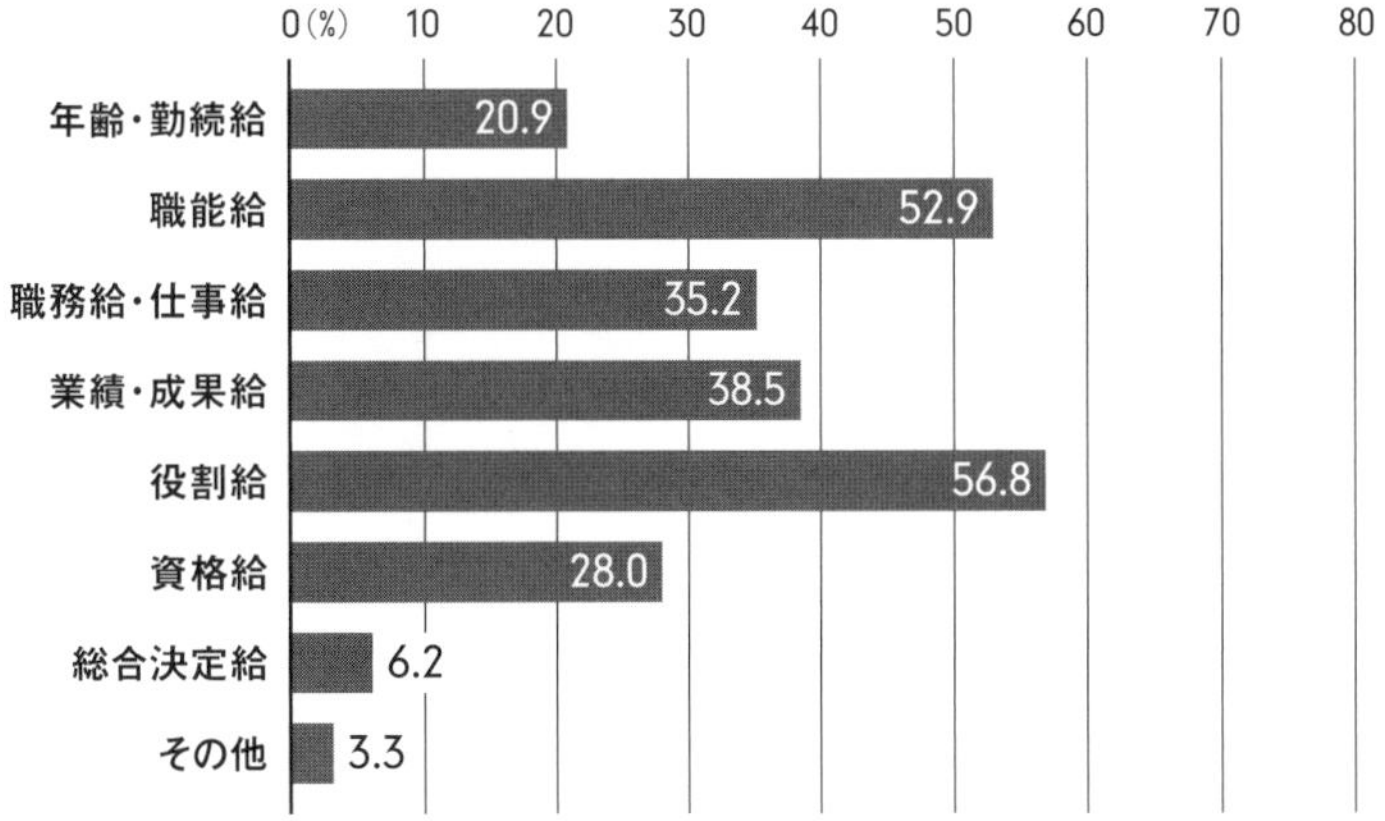

出所：日本経済団体連合会「2019年人事・労務に関するトップ・マネジメント調査結果」。いずれも複数回答

そのため、会社勤めをしている社員の多くは「賃金制度」という言葉を聞くだけで顔をしかめます。その下に「改革」や「改定」と付いた日には、「反対！」と反射的に言葉が出てくるほどです。それほど今の日本にとって、賃金を決める仕組みを変えるということは、人件費削減の意図を感じさせるものになっているのです。

そして今回の「ジョブ型論争」です。ジョブ型雇用で仕事の内容を細かく規定すれば、その仕事をできていない社員に対し「あなたは要件を満たしていないため、賃金をその分下げます」と言うと、社員も納得せざるを得ない。この部分だけを切り取り、ジョブ型を導入しようという企業が出てきても不思議ではありません。

ジョブ型雇用は書き直しが手間

人口減少下の低成長時代に突入した日本が競争力を上げるため、賃金制度を見直さなければという意見には、私も賛成です。ただ、その議論が上滑りをして、まして人件費削減のためだけにジョブ型雇用を導入するのであれば、私は反対です。

新型コロナ禍という環境変化が、ジョブ型雇用の導入を後押ししている面がありますが、それも本末転倒な話です。

このジョブ型雇用で採用される社員は、別の職種への異動、直接関係しない職種の人と協力することは想定されていません。どのような職務記述書を作成するかにもよりますが、職務記述書以外の職務を行わせることは契約違反とも言える行為でしょう。また、自分の課せられた職務を誰かに手伝ってもらうことすら契約違反になるかもしれません。

そのため、新型コロナ禍のような大きな環境変化のとき、会社を挙げて柔軟な対応をすることは、ジョブ型では基本的には不可能です。

コロナ禍で、中小・零細企業では約7割の業種が影響を受けました（中小機構の「新型コロナウイルス感染症の中小・小規模企業影響調査　2020年7月」より）。営業社員は顧客のところへ行かずに契約を取る方法を考えざるを得なくなりました。飲食業は、来店しないお客様を獲得するために、インターネットを活用した料理の宅配・通販に参入するようになりました。

経営環境がどう変化していくかは誰にも分かりません。そのため、環境に合わせて職務内容が変われば、常にこの職務記述書を変更し、契約を結び直す必要が出てきます。さらに変更した職務記述書に対応して賃金の変更も必要になります。これは人事担当者にとって、事務処理上、膨大な作業量を生み出します。

ジョブ型雇用は生産性を引き上げるという意見が大方を占めていますが、部署間の異動や協力を封じられてもそう言えるでしょうか。企業規模が小さいほど、仕事はさまざまな協力体制が必要になってきます。その工夫の一つが「多能工化」でしょう。

これまで日本企業では、特定の職務だけをこなせる人材よりも、複数の職務をこなせる多能工的な人材を育て上げてきました。ジョブローテーションの目的の一つがこの多能工化を目指すことであり、それによって全体的な生産性を上げようとしてきたのです。

究極の多能工は1人で起業した経営者です。1人であれば何もかもを自分でやらなければなりません。申込書をつくり、営業を行い、電話を受け、請求書を作成し、入金を確認して商品を製造したり、サービスを提供したり……すべて1人で行うことになります。

そこから仕事が増えて忙しくなると家族に手伝ってもらったり、人を採用したりしますが、この人も大抵は多能工です。営業だけしてもらえればいい、製造だけしてもらえればいいということはまずありません。営業が忙しければそちらを手伝い、製造が忙しければ仕事を手伝うなど、協力し合うことで高い生産性を実現してきました。

ある著名経営者の講演で次のような話を聞きました。

工場に行った際、Aライン とBラインとCラインの3つのラインがある中で、Aラインの社員だけが一生懸命に仕事をしており、BとCの社員は手持ち無沙汰でぶらぶらしていました。その様子を見てその経営者は叱ったそうです。

「君たち、どうしてAラインの社員はこんなに忙しくしているのに応援に行かないのだ」

ところが、BとCのラインの社員はこう返しました。

「すみません。Aの仕事をやったことがないので、手伝うことができません」

「では、あなたたちはこれからAの仕事を覚えなさい。それだけではなく、ここにはAもBもCもラインがあるのだから、全員すべての仕事を覚えなさい」

Aだけできました。これは単能工です。

Bだけできました。これも単能工です。

Cだけできました。これも単能工です。

それでは、会社全体の生産性に寄与することはできないのです。

Aもできる、Bもできる、Cもできる。これを多能工と言います。

AとBとCのラインがあるのであれば、そのすべての仕事を覚えることが生産性向上につながるのは誰でも分かることです。とりわけ中小企業では、生産性向上のためにすべての仕事を覚えてもらいたいという気持ちが経営者にあります。

Aのラインが忙しいからといって、Aのラインの仕事しかしなくてもいい社員を採用してしまうと、Aのラインの仕事が暇になったときに、その社員はただぶらぶらとするだけです。いつも8時間分の仕事をしていたのが、4時間分の仕事しかなくなったようなとき、4時間仕事をして4時間遊ぶということです。

実はそれなら、まだいいのです。

もっと悪いのは、いつも8時間分の仕事をしていたのが4時間分の仕事しかなくなったようなとき、生産性を半分に落として、4時間分の仕事を8時間で行うようになることです。こうなると元には戻れません。次に6時間分の仕事が来たときに8時間では終わらず、2時間以上残業してこなすようなことになります。

多能工が生産性向上に寄与してきた

生産性の高い企業は基本的に多能工化を進めています。中小企業では、「営業もできます、製造もできます、事務もできます」といった社員が優秀だと言われます。

生産現場を経験した営業社員は、その商品がどのように作られているのか、どんな特徴を持っているのか、お客様に説明する際に言葉の説得力が違います。営業を経験したことのある製造現場の社員は、お客様のニーズや困り事から、どのような商品を作れば売りやすいかを考えられるようになります。

身近なところで言えば、飲食業もそうです。このような経験はないでしょうか。メニュー表を見ながら、ホールのウエーターに「これはどのような料理ですか」と質問すると、「確認してきます」と言われたままなかなか帰ってこず、やっと来てくれたと思ったら「〇〇を焼いた料理です」と単純な説明しかもらえない。

もしこのとき、キッチンを経験したことのあるウエーターであれば、「これは〇〇から取り寄せた〇〇を、フライパンではなくオーブンで30分かけてじっくり火を通した料理です。味付けは……」と細かく説明ができるでしょう。

その説明を聞いたお客様と、聞いていないお客様。どちらがそのメニューを頼んでくれるでしょうか。それが粗利益率の高いメニューであれば粗利益も上がるし、生産性も向上します。

生産性とは、いかに短い時間でたくさん稼ぐかということです。時間を短くすることだけが生産性向上ではありません。

良い職務記述書、悪い職務記述書

「とにかくさまざまな仕事を学んでほしい。もし時間があったら、その時間を使って隣の仕事を手伝ってほしい。サポートを通じて新しい仕事を経験してもらいたい。それがあなたの仕事の可能性を広めることになる」。そんなことを社員に求めている経営者がジョブ型雇用を導入したら、職務記述書の作成段階で止まります。

万が一、多能工を目指す企業で職務記述書をつくってしまったら、その後は一気に生産性が落ちることは想像に難くありません。大手企業になればなるほど、営業と言えば営業、製造と言えば製造と、一つの職種に特化しています。それは組織の基本原理です。入社の段階で今後40年間の職種が決まってしまう場合もあるでしょう。

確かに大量の仕事をこなす場合には、営業なら営業、製造なら製造に分け、一気にこなしたほうが目先の効率がいいでしょう。ただし、他の仕事を覚えなくてもいいかと言えば、それは違います。大手企業でもそれが分かっているからこそ、教育配転を行い、いくつかの部署を経験させることに取り組むのです。その考え方を職務記述書が否定することになりかねません。

さて、ここまで読んで、疑問を持った読者もいるでしょう。

「一体、この著者は何を言いたいんだ。本の題名にあるように『ジョブディスクリプション（職務記述書）』の書き方を教えてくれるのかと思ったら、ジョブ型雇用を否定しているではないか」

混乱させたとしたら申し訳ありません。

私が言いたいのは、ジョブ型雇用を他社が取り入れているから、あるいは人件費を削減したいからなど、安易な理由で導入するのはかえって競争力を落としますよということが、まず一点。

もう一点は、そうは言っても、従来の日本型賃金制度はもはや限界であることは事実です。そこで、ジョブ型の要点である職務記述書をうまく活用して仕事を可視化するとともに、現在の賃金制度の問題点も可視化し、解決できるかたちにつくり替えることが不可欠であるということです。

「うまく」というのは、日本企業の良さを生かすかたちで、という意味です。日本の人たちは物事をネガティブに捉えがちですが、かつては世界でも日本企業の強さは屈指の存在でした。日本の良さを捨てるかたちで、海外の賃金制度を取り入れることは愚の骨頂でしょう。私たちの良さを生かし、時代に合わなくなったところ、問題があるところを取り替えるのです。

日本企業に合う「良い職務記述書」とは何か。それは一言でいえば、社員の成長にフォーカスした職務記述書です。メンバーシップ型の持ち味である「教えること」を継承するのです。そして、すべての業務を書き出すのではなく、社員の成果を左右する重要な業務に絞って書き出す。そうすることで社員全員の能力と企業の競争力を共に高めるのが、新しい人事制度「日本型ジョブディスクリプション」の姿なのです。

第2章

日本型雇用の問題の本質

日本企業に適した人事制度を再考する上で、本章では従来の日本型人事制度、通称メンバーシップ型雇用で問題とされている点を整理します。問題の本質をしっかり押さえた上で、次章の「日本型ジョブディスクリプション」の具体論へと進みます。

隠れ蓑にされた「年功序列型」

日本型人事制度の筆頭が、年功序列型賃金です。このシステムは終身雇用制度と共に高度経済成長期を支え、日本の雇用システムに定着しています。新しい人事制度の必要性が叫ばれるとき、必ずと言っていいほどやり玉に挙がるものです。

2019年5月には、トヨタ自動車の豊田章男社長が「終身雇用を守っていくのは難しい」と発言し、日本中に大きな衝撃を与えました。そうした発言を受けて、これまで先送りにされてきた年功序列型賃金の問題点が改めて浮き彫りになってきました。

年功序列型賃金は、具体的には年齢給や勤続給がそれに当たります。年齢給は、年齢を重ねるたびに増えていきます。勤続給は、勤続年数が増えるたびに増えていきます。年齢・勤続と年功は意味が異なるため、年功序列型という名称は本来おかしいのです。

年功とは年の功です。年を重ねるごとに積む経験から来る力のことです。その力量に合わせて賃金が増えるという、本来の言葉の意味に忠実な制度ならば、ここまで問題にはなりません。それが問題になっているのは、年功は一律に一定割合増えるものではないのに、みんな一律に賃金を上げてきたからです。

社員の成長が一律ならば、私たちは社員の評価に苦労することはないでしょう。しかし現実は、人によって成長の度合いもスピードも違います。人の功の付き方は、人によってそれぞれなのです。それなのに、同額の年齢給・勤続給を「年功」として一律で適用しようということ自体、最初から無理があったと言わざるを得ません。

戦後から高度経済成長期にかけて、大企業は一人一人の功績を個別に評価できないほど大量の人数を雇用してきました。それが年功序列型という名の、実質は自動昇給とも言えるシステムを取り入れることにした要因の一つとされます。あの時代がそれでも何とか回ったのは、企業の業績がずっと右肩上がりだったためです。

そのツケが現在に回ってきました。年功序列型賃金を隠れ蓑に、人の功の確認をほったらかしにしたまま、右肩上がりの自動昇給をしてきた結果、50代以上の社員の評価と賃金の間に大きなギャップが生まれているのです。

終身雇用制度で高齢社員の雇用は守られますが、日本経済が低迷する中、企業はその人件費をこれまで同様には抱えきれません。新型コロナ禍による経済への世界規模の打撃がこの動きをさらに加速させ、年功序列型賃金の見直しが叫ばれるようになりました。

いかにそれを導入している企業が多いとしても、いかにそれがそのときのスタンダードな仕組みだったとしても、物事の本質を捉えていないと必ずほころびが出るのです。

「働かないオジサン」問題

年功序列型賃金や終身雇用を見直すという企業の決意表明は、暗に「働かないオジサン（オバサン）に賃金を払わない」というメッセージに他なりません。「働かない社員」とは、人事制度上の表現では「評価と賃金が一致していない社員」です。

日本企業の人事制度における問題の本質は、この評価と賃金の不一致です。

その原因として、メンバーシップ型雇用はぬるま湯で成長意欲が高まりにくい、とよく言われます。しかしジョブ型雇用を取り入れれば、自動的に研鑽を怠らない意欲的な人材に変わり、組織風土も良くなるのでしょうか。働かないオジサンがいなくなるのでしょうか。安易にトレンドで人事に飛びつくのではなく、そこは慎重に考えていきましょう。

そもそも年功序列型賃金の下、なぜオジサンたちの勤労意欲が低下しているのか。年齢を重ねたのに、なぜ成長していないのか。特に大企業では、高い学歴を持ち、難しい試験・面接を経て、意欲も実力も申し分のない人材を採用してきたはず。なのに「働かないオジサン」を大量に生んでいるとしたら、何がやる気を失わせたのでしょうか。

原因は3つ考えられます。

①成長してもポストがない

職能資格制度を採用している会社であれば、その職能資格基準に基づいて社員が次の職能資格等級にステップアップしていくことになります。この職能資格制度には一つの前提があります。それは企業が拡大していくということです。

職能資格制度で一番多い「9等級制」を考えます。通常、課業（業務）を熟練度1、熟練度2、熟練度3と大きく階層を分類し、さらにそれぞれの熟練度ごとに3つのランクに分けることで、9つの「職能資格等級」という名のステップが作成されます。

常に企業が拡大していくのであれば、その社員の成長ステップに伴ってポジションを与えることができます。9等級制で考えた際、一般に7等級から9等級は管理職相当の階層です。部長や次長、執行役員といったマネジメントを主とする階層です。企業が拡大を続けていけば、社員が成長した際にこうした部長や次長のポストを提供できます。

ところが、規模拡大が継続しなければ、ポストは限られます。新規事業を立ち上げれば新規事業の部長に任命できますが、新規事業が立ち上がらなければ、既存のポストが空くまで次の人はポストに就けないことになります。将来の活躍を期待する社員であっても、ポストがない限りは等級が上がっても、組織を率いる機会を与えられなくなります。これが、「頑張っても仕方ない」というモチベーション低下をもたらすのです。

②役職が定年制となった

規模拡大が難しいとしても、限られたポストを次の世代に与えなければ若手の成長意欲を落とす原因になります。そのように考えた大手企業では役職定年を設けました。その多くが50代半ばですが、役員などにならない社員は出世街道から外れるのです。

ところが、このことが逆に若手社員の意欲を大幅に落とす結果になりました。

例えば流通業界であれば、規模拡大を続けることが当たり前だった時代、いきいきと店舗を運営していた店長がいました。時には恐れられ、時には疎まれつつも「いつかは自分も」と、憧れを持って若手に見つめられていたはずです。

それがある日、役職定年を迎え、一般職の社員になり若手と並んで指示を受ける扱いになる。この社員に「やる気を落とさず頑張れ」と言えるでしょうか。まるで花がしおれるように人が変わってしまう。その様子を、多くの社員が現場で目の当たりにしました。

そして思ったのです。

「ああ、会社で頑張っても最後はこうなるのか！」

もし会社に人材育成計画書があり、社員の成長に合わせて活躍する場所が必要だと分かっていれば、経営者にはその場所をつくる責任があります。

私の前勤務先の魚屋では、この人材育成計画書を10年後、20年後、30年後、40年後と長期にわたって作成しました。それを目にした経営者が、あるときにこう言いました。

「本当にこんなに社員は成長していくことになるのだろうか」

私は答えました。

「その可能性は十分にあります」

なぜなら、そのときには人が育つ仕組みが完成しており、ほぼその通りに社員が成長していたからです。

「そうか。それなら社員が成長したときに活躍できるよう、今から新店舗の場所を探さないといけない。経営者としての私の重要な業務は、これからは店舗開発だな。契約を急がなければ」

経営者はそう言って、即座に行動に移しました。それからは、店長に任命できる社員が育つと分かり次第、計画的に店舗の契約をするようになりました。

もし、社員が次から次へとステップアップするなら、それに見合うだけの事業展開をしなければなりません。人事部長は、経営者に緊急事態を提言するでしょう。

「社長、このままでは社員が成長しても活躍する場所がありません。早速、新しい事業展開をする準備をしましょう」

そう意見具申をしなければなりません。

社員が成長しても成長しなくても、どちらでも人事の悩みは発生します。社員が成長しない悩みと成長した悩みと、どちらがいいでしょうか。どう考えても後者でしょう。

③等級とポストがひもづいている

①は成長、つまり昇進してもポストがない

②は役職定年のため、年齢を理由に役職を降ろされる

というものでした。いずれも高成長時代はあまり問題にならなかった点ですが、低成長時代には規模拡大が難しいため、働かないオジサンが増える原因になります。

一方、③は経済環境とは直結しません。それは、成長の道筋が一方向しかないという問題です。

企業はさまざまな役割の社員がいます。日本では基本的にプレーヤーとして優秀な社員に部下を持たせることが一般的ですが、マネジメントは人によって得手不得手があります。部下を育てることは得手ではないが、とんでもない売り上げを稼ぐプロフェッショナルの社員がいたときに、マネジメントができないからといって等級を上げない会社があります。この場合も社員の成長を阻害してしまいます。

部長に任命するから9等級に昇格させるのではなく、成長に合わせて等級を上げ、9等級に成長したときに、ポストがあるから部長に任命するのです。また、全社員をマネジャ

ーにする必要はありません。プレーヤーとして活躍できるプロフェッショナルコースを設けければいいのです。これも立派に成長した社員に、さらに成長する場所を提供するということです。

マネジメントコースとプロフェッショナルコース、2つの道を用意すると、多くの人はプロフェッショナルコースを選びたいと思うでしょう。人と関わり、人を育てることはプレーイングとは異なる難しさがあるからです。

ですから、「そちらのほうが楽そうだから」と安易に誤解してプロフェッショナルコースに流れる社員が増えないように工夫は必要です。つまり、双方の難易度を調整して、同じ等級の人が、同じ難しさになるようにしなければなりません。また、きちんと成長に合わせて等級をステップアップさせることができる仕組みも必要です。

つまり、等級とポストは分けて考える必要があるのです。等級とポストをひもづけて、成長を一方向に固定するといろいろな弊害が生じます。

例えば、中小企業では逆に、まだ育っていない社員を「ポストが空いてしまったから」という理由や、取引先に与える印象などを考慮して対外的な理由で昇進させることがあります。それ自体は問題ありません。問題は、昇進に合わせて大幅な昇給をすることです。

育っていない社員に役職を任せることは、いわば「挑戦」です。挑戦には失敗がつきものです。失敗することを前提に考えなければなりません。

私の前勤務先でもよくありましたが、店長という役職はプレーヤーとして一人前になった後の「中堅職層」から任命すれば問題がないところ、「店長が辞めてしまった」「いい立地のところに店舗が出せそうだ」という理由から、「一般職層」の3等級や、場合によっては2等級の社員から店長を任命し、大幅に昇給をしていました。しかも昇給をするために等級まで上げてしまっていました。

まだ一人前の仕事ができないのに急に部下を持たせ、店を任せるわけです。どう考えても失敗する確率が高いと分かっています。にもかかわらず大幅に昇給し、「君ならできる。期待しているよ」と言って店長にする。

そして、最初から想定できていたにもかかわらず、店長の任が務まらなかったとき、「君ならできると思ったのに……残念だよ」と目の前でがっかりしてみせ、降職して大幅に降給する。もともと本人にとっての挑戦であることすら伝えられていませんから、社員は「もう、この会社で出世することはできない」と諦めるしかありません。

まだ育っていない社員をさまざまな理由から昇進させることは、中小企業では必要なことです。ただし失敗しても、また成長した際に再チャレンジできるようにすること、そして役職に合わせて昇給をするために等級を上げるのではなく、役職に応じた「役職手当」を支給することで賃金を増やし、失敗した際には役職手当がなくなることを事前に説明すること。このような対応ができる仕組みづくりが必要です。

雇用システム自体の問題ではない

成長してもポストがない。役職定年で一般職に降格になった。努力が正当に評価してもらえない……。そのような不満や不安を抱きつつも、年功序列型賃金が維持されていれば、大幅に賃金が下がることはありません。役職定年になると賃金は減りますが、それでも役職定年を採用しているのは大手企業ですから、もともと賃金水準が高い。

「このくらいの賃金で、このくらいの生活が送れるのであれば高望みはしない。このまま息を殺して生き延びよう」と打算的な考えをするようになってもおかしくはありません。それが働かないオジサンを生み出しているのです。

要するに、やりがいの場を提供できていないことが問題なのです。本人は実はもっと働きたいし、成長意欲もある。けれど、努力しても成長しても、それが報われないと悟ったとき、働かないオジサンに変化していくのです。

日本企業の人事制度の目的が、賃金を決めることが第一になり、社員の成長を第一にしなかった結果です。そのことは、年功序列型賃金と絡み合っていますが、年功序列型賃金そのものが原因ではありません。

戦後、焼け野原からみんなで復興しよう、みんなで豊かな生活を送ろうと考えた時代がありました。会社で先輩に「何のために頑張って成長するのか」と問えば、「稼げるようになるためだ。稼げるようになれば車も買える。持ち家だって夢じゃない」と当たり前に返ってきた時代です。経済的な豊かさをみんなが目指していました。

その時代に戻りましょう、というのではありません。経済環境が違うから、戻ることもできません。では、何をやりがいとすればいいのでしょう。それを考えなければ、問題解決はできないことを知ってもらいたいのです。

このように意欲の問題の本質は、雇用システムがメンバーシップ型だから、ジョブ型だからというところにはありません。問題の本質から目を逸らし、責任転嫁をしても後に新たな問題が生まれるだけです。ジョブ型を導入して、賃金を評価に合わせて下げることができても、社員のモチベーションは下がったままです。それでいいのでしょうか。ジョブ型雇用に変更すれば、その悩みがすべて解決できるかのように言うことは、問題の原因を雇用システムに押しつけた、ただの責任逃れです。もちろん仕組みを検討し、見直すことは必要でしょう。

しかし、ジョブ型雇用の都合のいい面しか見ずに取り入れたとしても、結局また数年後、数十年後に「やはりジョブ型雇用は日本には合わなかった」と言われるだけで終わるでしょう。それでは再び「失われた10年」を過ごすことになります。

メンバーシップ型雇用にはいい面も悪い面もあり、それはジョブ型雇用にも言えることです。ジョブ型雇用をイメージだけで拡大解釈し、問題の本質を見誤ってはいけません。

日本が抱える雇用問題の数々は、日本の雇用システムそのものが悪いのではなく、日本の雇用システムをきちんと機能させられなかったことによって発生していると考えたほうがよいでしょう。そして年功序列型賃金に加えて、多くの企業が採用しているものの、機能不全に陥っているシステムが職能資格制度と目標管理制度です。

それぞれ詳しく見ていきます。

職能資格制度の曖昧さ

大手企業の5割は職能資格制度を導入しています。年功序列型賃金ばかりが問題提起されていますが、私はこの職能資格制度の実際の運用に看過できない大きな問題を感じています。

職能資格制度は前述のように、社員の職務遂行能力を職能資格基準に照らし合わせ、職能資格等級で格付けします。つまり、この制度がきちんと機能していれば、社員の職能給はその社員の職能遂行能力に合っていることになります。

つまり、「評価と賃金の不一致」は理論上起こりえません。ところが実際には、この制度を採用しているほとんどの企業において、評価と賃金のギャップが大きい社員が存在し、その数は決して少なくありません。

一番の問題点は、職能資格基準による職務遂行能力の評価が難しいことです。職能資格基準書に書かれている基準が定性的で曖昧なため、とても実際に活用できる内容ではないのです。例えば、3等級のある社員が、上司に次のような質問をしたとします。

「私は現在3等級です。これから4等級を目指して頑張りたいと思いますが、どうしたら

4等級に昇格することができますか」

上司にとって、これほどうれしい質問はありません。なぜなら、「4等級に成長したい」と前向きだからです。通常なら、その上司はこのような反応をするでしょう。

「そうか。君はもっともっと上のステージに進もうとしているんだね。挑戦しようとしているんだね、素晴らしい。これからも応援するよ」

問題はその後です。

どうしたら4等級になれるのか。ある会社では上司がこう答えたそうです。

「職能資格基準書をもっとよく読みなさい」

言われた社員は、その基準書を読み直しました。

しかし、いくら基準書を見ても意味が分かりません。そもそも、読んでも分からなかったから質問したのです。

部下はもう一度上司へ尋ねました。

「読んだのですが、よく分かりませんでした」

それに対する上司の返答はこうでした。

「それは、読みが足りないのだ」

なんと残念な回答でしょうか！　この社員はどうしたら4等級に上がれるのか、結局分からずじまいでした。

実は職能資格制度を導入している会社は、この職能資格基準書を活用して昇格させることが難しいと、自身で分かっています。そのために、職能資格制度を導入している会社の多くが、昇格試験を行っています。職能資格基準書だけでは等級を決めることができず、結局試験によって決めているのです。

安定成長時代の日本ならばいざ知らず、これほどの激動の時代に試験によって昇格させることが、本当にその会社のためになるかどうか、私には疑問です。

経営者であれば重々承知していることとは思いますが、試験の結果だけではその社員が本当に優秀かどうかなど分かりません。

もしその試験の結果が間違いないとすれば、高い等級の社員に賃金の払いすぎを感じることはないでしょう。しかし実際のところ、職能等級が高く、またそれに対応した高い職能給をもらっている社員が、その賃金に見合った仕事をしていないという問題が多々発生し、多くの経営者や幹部が頭を悩ませているのです。

年功序列型賃金から脱却したときに必要となるのは、社員の成長に合わせて支給する賃金でしょう。しかし、それが職能資格制度、あるいはそれと大差ないものでは、引き続き「評価と賃金の不一致」を生むだけで何の役にも立たないでしょう。

目標管理制度を生んだ成果主義

目標管理制度は、成果主義の普及をきっかけに取り入れられるようになりました。

日本に成果主義が広まった背景に、バブル崩壊による業績悪化で人件費を削減する目的があったことはすでにお話ししました。成果の大きさによって評価し、賃金や処遇を決定するというものです。年功序列型賃金制度によって膨れ上がる人件費をカットすることが目的ですから、そこでは年齢も勤続年数も基本的に関係ありません。

社員には「成果が低いのだから賃金もこれだけ低くなる」と、具体的な数字を根拠に賃金カットの理由を説明できます。成果を上げた分だけ処遇に結びつくというシンプルな考え方は、一見とても納得性が高く、突きつけられた社員は従うしかありませんでした。ロジカルに説明しやすくて、社員からも文句を言われない。人件費をカットするための理由付けとして、とても都合が良かったのです。

しかしこの考え方は、日本に数々の問題をもたらしました。自分だけ良ければそれでいいという個人主義の横行です。

成果の高さに応じて処遇が決まるのだとしたら、自分の成果だけを上げようという短絡的思考に陥ってしまっても仕方がありません。他の社員が成果を上げれば、その分、自分の成果が減ってしまうかもしれません。その会社が成果によって相対評価をしていたならば、他の社員は自分よりも成果が上がらないほうが確実に良いのです。

高い成果の出るやり方は自分だけのものです。顧客の横取りも平気です。たとえ仲間を蹴落としても自分さえ良ければ良いのです。このような社員を中堅職にステップアップさせて上司に任命できますか。

また、企業はすぐに結果を出せる即戦力と言われる人材を欲しがるようになり、中途社員はおろか、新卒社員にもそれを求めるようになりました。右も左も分からない新卒の社員に、平気で「成果を上げろ」と言ったのです。

社員は常に数字に急き立てられて、それで頭がいっぱいになります。万が一、成果を上げられなければ、もうおしまいです。なぜなら、誰も自分に成果が上がるやり方を教えてはくれないからです。それだけならいざ知らず、同じ会社で働いている仲間の安堵の声が

8割近い企業が、目標管理制度（MBO）を取り入れている

◉目標管理制度の実施状況

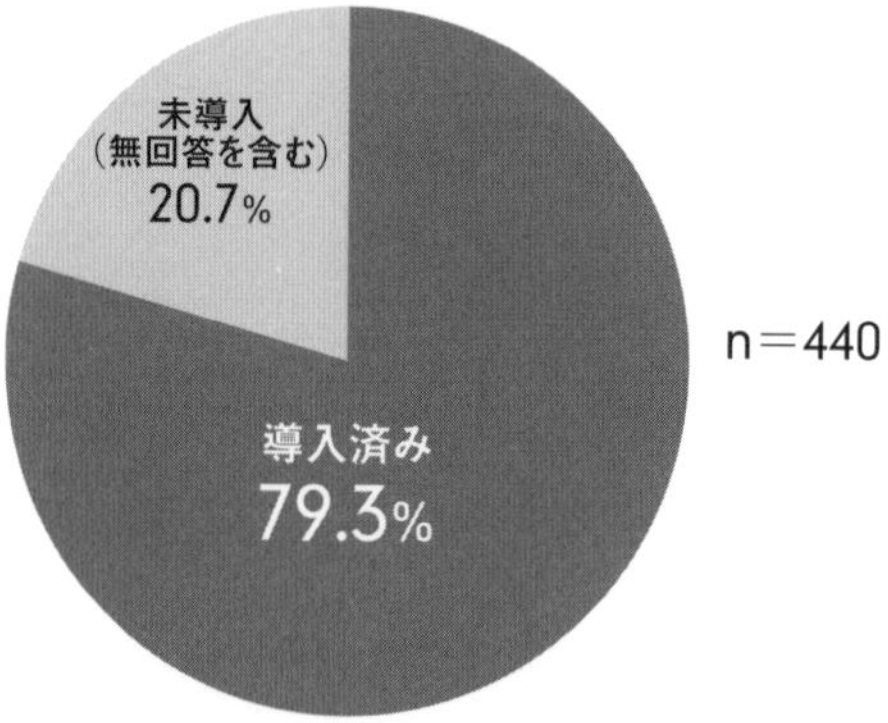

出所：労務行政刊『労政時報』第3956号（18.8.10/8.24）、「人事労務諸制度実施状況調査」（2018年）

聞こえてきます。

「自分じゃなくてよかった――」。

人間には本来、困っている人を助けたいという本能が備わっていると思います。特に日本は地震や大雪、大雨や台風など、自分の力ではどうにもならない自然災害に常に見舞われてきました。

今回はたまたま自分が災難に遭わなかっただけで、人ごととは思えない。だから、困っている人を助けたいという想いが自然と行動に表れるのではないかと思います。この助け合いの精神を海外のメディアは称賛してきました。

だから会社でも、なかなか成果が上がらなくて困っている人がいたとしたら、本当

は手を差し伸べてあげたいのです。しかし、成果主義である以上は、自分よりも成果が上がらない人間がいることを喜ばなければなりません。そして自分自身も、常に数字に急き立てられ、次に成果が上がらないのは自分かもしれないという焦りや不安に襲われます。

結果、日本に成果主義はなじみませんでした。失敗の理由は今なお、さまざまに考察されていますが、私は人の心をないがしろにしたことが一番の理由だと考えています。

「目標設定が低い」という相談

この成果主義の普及に伴って広まったのが、目標管理制度です。

現在も、大手企業の多くが目標管理制度を導入しています。中小企業も、成果主義には抵抗があっても、目標管理は必須の仕組みと考えているようで、大手企業ほどではないですが、やはり多くの中小企業が導入しています。

目標管理制度を導入する目的は何でしょうか。

例えば、会社全体の経営目標を実現するために、社員一人一人がその役割を明確にすることを目的に導入しているとします。目標管理の導入により、導入していない会社に比べて経営目標の実現度が高いというならば異論は挟めません。

しかし残念ながら、目標管理が経営目標の実現に役立ったという事例を、私はいまだ確認したことがありません。

むしろ、目標管理を導入している多くの会社から「社員の目標が低くて困る」という相談をしばしば受けます。それに続く言葉は「社員のモチベーションが低いので、どうすれば高い目標を自ら掲げるか、その方法を教えてほしい」というものです。「やはり目標を実現した社員には昇給・賞与で報いる、成果主義色を強くした人事制度が必要なのでしょうか」という追加の質問もしばしば受けます。

しかし、「目標が低い」ことは、私からすると正常な社員と言えます。

目標が低い社員の心理

目標管理制度を導入している会社は通常、社員の評価を目標達成率で評価しています。目標達成率は「実績」を「目標」で割ります。

どこの会社でも、目標管理制度を導入した初年度は、社員がとても高い目標を設定する傾向があります。しかし2年目は、前年度と比べると考えられないほど低い目標を掲げようとします。理由は、達成率の計算の仕方にあります。

「目標達成率を高めたいなら、目標を低くすればいい」

それが初年度の経験で分かったのです。

目標を低くすれば高い達成率を実現できることは、小学生レベルの計算ができれば分かります。とんでもなく高い目標に挑戦したら、高い確率で目標達成率が低くなる。だから2年目は高い評価を受けるために目標を低くする、正常な判断です。

「それでは困る」と考えた経営者は、会社全体の目標を社員に割り振ります。これでは、目標ではなく、ノルマです。ノルマを社員が輝くような目で見て、それを達成することで自己成長しようという気になることはありません。ノルマは英語ではありません。ロシア語です。旧ソ連が国家体制を維持するために、国民に課していた一定の労働量・生産量を指し、旧ソ連が崩壊した原因の一つとも言われています。

全社目標を割り振られた段階で、社員は達成できなかったときの言い訳を決めています。

「だから私は難しい、無理だと言ったじゃないですか」

この言い訳を聞いて、腹を立てたことのある上司や経営者はたくさんいるでしょう。しかし、そもそも最初から言い訳をさせるような制度になっているのです。

達成率か、貢献度か

この制度はさらに大変な問題を含んでいます。

社員は評価と昇給・賞与はひもづくと考えています。評価が高ければ、間違いなく昇給・賞与が多いと思っています。そう思っていない社員は一人もいないでしょう。ですから、目標を低くして目標達成率を高めようとする社員は、自分の評価を高め、昇給・賞与をたくさんもらおうと考えています。

では、次のことを考えてみてください。

AさんとBさんがいます。Aさんは、昨年の売り上げが100万円でした。Bさんは、昨年の売り上げが1000万円でした。

このAさんが来年の目標を120万円、120%の目標に設定したとします。Bさんも同じように目標は20%アップの1200万円に設定したとします。

さあ、1年たちました。

Aさんの実績は120万円、目標達成率は100%です。素晴らしいです。一方でBさんは1100万円、目標達成率は約90%となります。少し残念な結果です。

Aさんは「100%だ。素晴らしい!」と目標達成率の高さを上司から褒められるでしょう。Bさんは「頑張りが足りなかったな」と褒めてもらえません。

では、ここで経営者の方に質問です。

経営者はAさんとBさん、どちらの昇給・賞与を増やしますか。

これを間違えたら、経営者はできません。もっとも、間違う人はいないでしょう。間違いなくBさんの昇給・賞与は、Aさんの昇給・賞与よりも多いでしょう。

社員もうすうす気づいています。実際に私は、コンサルティング先の社員から、こっそり質問されたことがあります。

「先生、うちの会社では、本当に目標達成率は昇給や賞与に影響するのでしょうか」

「うち」どころか、目標達成率で昇給・賞与を決めている会社は、日本に1社もないと私は断言できます。参考程度に見ているにすぎません。

評価と賃金の不一致、ここに極まれりです。

評価の参考程度にしかならないにもかかわらず、わざわざ社員の目標を低くすることを促すのが、現在の目標管理制度の実態です。社員が自ら高い目標を設定し、挑戦するようにしなければなりません。それこそが本当の目標管理制度です。

「何をしてほしいのか」を明確にする

職能資格制度にせよ、目標管理制度にせよ、日本の多くの人事制度が機能不全に陥っている原因として根底にあるものは、どんな仕事をしてほしいのかを明確に示していないことです。等級基準は曖昧な表現に終始し、目標管理が計測できるのは数字の達成率だけ。それでは正しく評価することはできませんし、賃金と一致しないのも当然です。

テレワークの社員を評価することができないと悩んでいる会社の場合、その原因はメンバーシップ型雇用のせいでしょうか。違います。テレワークの社員を評価することができないのは、その社員が何をやっているのか分からないからです。

テレワークの社員だけの問題ではありません。

テレワークしている、していないにかかわらず、経営者が社員に何をしてほしいと考えているかは明確になっていますか。そして、それは社員に示されていますか。

ジョブ型雇用では職務記述書を作成し、業務を明確にすることを求めていますが、これはメンバーシップ型雇用においても、とても大切なことなのです。

単純に、職務記述書に業務を列挙すればいいと言っているのではありません。その業務に値段をつけて報酬を払えば、評価と賃金が一致するものでもありません。評価と賃金を一致させるには、社員に「何をしてほしいのか」を明確にすることが必要です。

社員の目が輝いていない

企業の現場では、日々さまざまな指導の声が飛び交っています。

「もっと売りなさい」

「事前に計画を立てなさい」

「他社の情報を把握しなさい」

「もっと大きな声で挨拶しなさい」

そのように言われる現場の社員は、実は大いに混乱しています。その日、その時に、場当たり的にかけられる言葉で頭がパンクしそうです。

社員はみんな優秀になりたいと思っています。成果を上げて褒めてもらうために、会社に必要とされる人材であるために、日々業務に一生懸命取り組んでいます。

それではどうして、優秀な社員とそうでない社員が生まれてしまうのでしょうか。それは能力や努力の差以上に、「どんな業務」に一生懸命に取り組んだかの違いです。成果を上げられない社員は、的外れな業務に一生懸命取り組んだ結果、成果が上げられていない、つまり、何をすれば成果が上がるのかが分からなかったのです。

私が大学時代、魚屋でアルバイトを始めたとき、現場は無気力な社員が多いように感じました。その理由の一つが、売り上げが大きい大型店の店長は、数字のインパクトもあり褒められるけれど、小型店の店長はどうしても評価が相対的に低くなること。どこの会社でもある話ではないでしょうか。

これは笑い話ですが、大型店の店長に数字を上げる秘訣を聞くと、「死ぬ気で頑張りました」と返ってきました。小型店の店長にも同じ質問をしたら、「私も死ぬ気で頑張りました」。「いや、ちょっと待ってくださいよ」と私は思いました。「死ぬ気があるかどうか」という評価項目をつくるつもりですか、と。

成果を上げるために「やるべきこと」を明確にする。そのやるべきことをどれくらいできるようになったのかが成長であり、それを評価するのです。さらに上司と部下の間で評価に対する認識が一致して初めて、指導が有効となります。ここが評価制度の肝です。

テレワークをしている会社の経営者が「テレワークの社員が何をやっているか分からないから評価ができない」と感じているのと同時に、実はテレワークの社員も、「何をどのようにすれば評価してもらえるのか分からない。働いている様子を見てもらえないから、プロセスまで評価してもらえないのではないか」と不安を感じています。

そしてテレワークをしていない会社でも、同様の齟齬《そご》が起きています。「昇格試験に合格しても、ポストが与えられない」「目標達成率を上げても、昇給しない」——。社員に「やるべきこと」を明示していないから、いろいろな問題が頻発しています。それが露呈しなかった過去は、経済成長というベールに本質的な問題が隠れていただけです。

社員育成の不十分さ

話を「働かないオジサン」に戻すと、そもそも彼らはしっかり育成されてきたのでしょうか。研修に出席させておけばいい、上司が説教をしていればいいという話ではありません。おそらく彼らは必要な育成を受けてこなかったのです。社員の育成には、上司と部下の評価が一致していること、その前提として「やるべきこと」が明確になっていることが必要ですが、それが整っていないのですから。

そのことは、モチベーションにも影響します。モチベーションは指導のあり方に大きく左右されるからです。稀にどんなに叱責を受けても、めげない社員がいます。経営者はそんな社員が大好きですが、私はそういった社員は、言葉は悪いかもしれませんが「変態社員」と定義しています（笑）。幹部社員にはこういう社員が多いです。

ジョブ型雇用になれば、社員は自ら意欲的に学び、大いに活躍するようになるだろうという声をよく耳にします。あたかもジョブ型雇用が増強剤のように社員の意欲を高めてくれるかのようですが、私には、変態社員を待ち望んでいる言葉に聞こえます。

入社時から全く意欲がなかった社員はいなかったはずです。社内の何が、社員のモチベーションを奪ってしまったのか。人事の仕組みのトレンドを追う前に、それぞれの会社が自社の問題としてそれを受け止め、解決しなければなりません。

社員がモチベーションを落とさずどんどん成長し、業績を押し上げるために貢献していれば、評価と賃金の不一致は起こらなかったはずです。会社が成長すれば、おのずとポストは増え、役職定年も要らない。

賃金を決めたのは企業です。これを忘れてはいけません。解決策は、人件費を下げることではないのです。全く逆の視点です。賃金を払いすぎていると感じる社員がいるなら、その賃金に見合う働きができるように、成長させなければならないのです。

歩合給には手を出すな

現状では、日本におけるジョブ型雇用の定義は固まっていない段階ですが、人件費を下げる目的で導入するという考えでいる限り、どのような人事制度を導入しても決して機能しません。人事制度の問題点は、制度そのものではなく、目的の誤りにあるのです。

この点を理解しない限り、次には進めません。理解を確実なものにするために、本章の最後に歩合給について話しましょう。

歩合給とは、個人の成果に応じて一部賃金が支払われる仕組みです。高い成果を達成すれば、たくさんの歩合給が入りますが、成果がなければ歩合給もなし。成果主義の考え方を100％投影した賃金制度と言えます。

歩合給は営業力が強く影響する業界でよく見られます。

今まで、私が人事制度の構築を指導した不動産・建設業界の会社の9割以上に、歩合給がありました。

その経営者に「どうして歩合給を導入したのですか」と質問すると、「分かりやすい」「納得性が高い」「みんな取り入れている」、そして「リスクがない」という回答が返ってきます。リスクとは、成果に完全に連動した賃金なので、会社が余計な人件費を払わなくていいという意味です。

しかし、歩合給が本当に良い仕組みで、全く問題がないのだとすれば、次のような相談をしてくる経営者はいないはずです。

「職場の雰囲気が悪いです」

「社員がお互いの仕事を教え合いません」

「社員がお互いに助け合わず、チームワークが悪いです」

「社員の定着率が悪いです」

「社員が上司になりたがりません」

このような相談を受けると、私は決まってこう返します。

「御社は歩合給を採用していますね」

そう言われた経営者はみんな不思議そうな顔をします。歩合給の一体何が問題なのかという表情です。

実はこれらの問題は、歩合給を採用している会社の特徴と言えるものなのです。

社会問題を引き起こす歩合給

残念なことに、会社の規模が大きいほど、この問題は大きくなる傾向があります。従業員の規模が経営者の目が行き届く範囲を超えると、歩合給が原因で、あるときとんでもない問題が起きることになります。

そういう事例を私はたくさん知っています。例えば最近、新聞やニュースを賑わせた大手保険会社の歩合給の問題を、皆さんはどうご覧になったでしょうか。

この保険会社に入社するのは簡単なことではありません。きっと優秀な社員が入社したのでしょう。ところがそんなに素晴らしかったはずの社員が、社会から批判を浴びるような社員になってしまいました。なぜそうなってしまったのでしょうか。

もともと、そういう人間だったのでしょうか。いいえ、そうではありません。誰が高齢者をだまして保険の契約を取ろうと思って、入社したりするでしょうか。これは社員にそうさせてしまった会社の人事制度の問題です。

そんなことをして保険の契約を取って歩合給が増えても、うれしくないはずです。この社員に子供がいたら、その子供に胸を張って「お父さんは世の中に貢献している」「お母さんは頑張っている」と言えるでしょうか。

決して青臭い話をしようとしているのではありません。歩合給を採用している会社は、同じリスクを背負っています。すでに同じことが起こっている可能性があるのです。そのことに気づいてほしいのです。

小手先でお客様をだまして契約を取ったとしても、最も高い成果を上げれば、最も高い歩合給を受け取ることができるのです。これは会社が社員へ、そういうメッセージを送ってしまっていると理解しなければなりません。

正当な方法で、歩合給をたくさんもらっている社員は確かに優秀なのでしょう。それが1回きりのまぐれでないのだとすれば、継続して高い成果を上げるための何らかのやり方を持っていると言えます。しかし、それを他の社員に公開することはありません。

尋ねたとしても、「たまたまですよ」と答えるだけです。そのやり方を教え、他の社員も成果を上げてしまったら、自分のお客様が減ってしまうかもしれません。逆に自分以外の社員が失注することによってチャンスが生まれ、その社員の契約を自分のものにすることができると考える社員すらいます。

人間として恥ずかしいと感じませんか。

しかし、そのような考えの人間が、高い成果を上げて褒められて、歩合給をたくさん受け取るのです。どう考えてもまともな賃金の決め方とは言えません。

賃金が増えなければ上司にならない

職場の雰囲気が良くなるわけがありません。社員同士のチームワークや助け合いなど存在するはずもありません。

そんな会社で社員が頑張る理由は何でしょうか。もちろんお金のためです。

だから、そこで働く社員に上司になることを打診すると、こんなことを言ってきます。

「上司になったら賃金が増えますか」

とんでもない質問です。

日本的な雇用の特徴として、現場で優秀になったら、次は中堅職にステップアップさせます。そして部下を持って指導に当たってほしいと考えます。高い成果を上げられるようになったならば、その経験を生かして、高い成果を上げられる部下を育ててほしいと考えるのです。それはとても名誉で、やりがいのある仕事であるはずです。

「私はそこでどのような成長ができますか」

本来ならばこんな質問をしてほしいものです。

間違って、この「上司になったら賃金が増えるか」という質問に「Ｙｅｓ」と答えてしまったら、この次に社員が尋ねる内容も決まっています。

「それは今までの歩合給以上に、賃金がもらえるということでよろしいですか」

つまり、上司になることで今まで以上に賃金がもらえないのだとしたら、これまで通り現場で成果を上げて歩合給をもらったほうがいいと言っているのです。ここで今まで以上の賃金を約束すると、その社員が上司になる目的は、今まで以上に賃金をもらうためということになります。本当にそれでよいのでしょうか。

歩合給の社員が、入社後に何十年間も安定して高い成果を上げた話を、経営者から聞いたことは一度もありません。つまり、歩合給は高いときも低いときもあるのです。

歩合給が高いときは、当然お金の使い方もそれなりになるでしょう。でも、私たちは知っています。一度豊かになった生活レベルを下げるのは苦痛を伴います。ですから、歩合給の社員が辞める理由の多くはここにあります。

社員も若いときはそんなに生活費はかかりません。35歳までだったら気力も体力も万全であり、割と無茶がききます。ですから、高い歩合給をもらうことになるでしょう。しかし、35歳を過ぎた頃から、その無茶は難しくなっていきます。つまり、歩合給が減っていきます。少しずつ生活レベルを落としていかなければならなくなります。35歳を過ぎた頃というと、これから子供の教育費がかかる頃だったり、家を建てる計画を立てる頃だったりします。その頃に歩合給が下がる傾向が強くなるのです。

社員の成果が低くなれば、それに見合う歩合給を出せばいいので、企業にとっては損失は何もない、何の問題もないと思っていたら大間違いです。そのタイミングでこの社員は退職する確率が高くなります。

その社員が辞めてしまったことは、その会社にとってとても大変なことです。それは、歩合給をたくさんもらっている、つまり、成果の高い社員が何をしていたかが分からないままになってしまうからです。もしもそのやり方を成果が上がっていない社員も実践することができていれば、企業全体の業績は何倍になっていたでしょうか。

　歩合給は、社員の人生をめちゃくちゃにしてしまう危険性があるばかりか、企業の業績にとっても全く良い影響を与えないことがお分かりいただけたでしょうか。

　人事制度は、人件費を抑制することを目的にしてはいけません。会社の発展に貢献してもらうために、社員を正しく評価し、その評価に合った賃金を支払うことを事前に説明することで安心を与えて、社員を成長させる。これが人事制度の目的なのです。

第3章

日本型ジョブディスクリプションのすすめ

ここまで読んでいただくと、メンバーシップ型雇用が抱えている問題は、ジョブ型雇用に移行すれば、すべて解決するものではないことがお分かりいただけたと思います。本章では、評価と賃金を一致させ、社員の成長も実現できる「日本型ジョブディスクリプション」のつくり方を考えます。

褒めたら伸びることを検証する

評価と賃金が一致しないのは、支払っている賃金分、社員が成長していないからです。では、成長していないのは全社員でしょうか。そんなことはないはずです。「成長しないなあ」と感じる社員の反対側には、成長していると感じられる社員がいます。成長していると感じる社員がいるからこそ、その一方で成長していない社員が存在することが分かるのです。

では、成長している社員と成長していない社員の違いは何でしょうか。

地頭がいい。やる気がある。根性がある。スキルを持っている。さまざまな要素が出てくるでしょう。実は、その社員たちの多くに共通していることがあります。それは「常日頃から褒められている（認められている）」ということです。たったそれだけの違いが、成長する社員と成長しない社員を分けています。

「そんなことで？」

と思われたかもしれません。

「そもそも褒められるようなことをしないから、褒められないのだ」

と思われた方もいるでしょう。

ですが、そんな些細な違いが、社員の成長度合いを分けているのです。

私は以前、弊社の研修の中で受講者にこんな体験型の実験をしました。

まず、受講者の中から2人、観察対象になってくれる方を挙手で募ります（なぜ挙手制かというと、30人くらいいる受講生の視線を一身に浴びながら行う実験のため、「やってみよう」という方でないと、途中でとてもつらくなるからです）。

挙手してくれた方には一時研修会場から出てもらい、会場に残っている受講者とその人に何をしてもらうか、ゴールとなる行動を決めます。「ホワイトボードに○印を書く」「自分の席に戻る」「会場の前まで来て拍手をする」など、簡単な内容です。内容が決まったら、1人目の方（仮にAさんとしましょう）にはこのように伝えます。

「今、皆さんは、あなたにある行動をしてもらおうと決めました。あなたが、その行動に近いことをしたり、その方向に進んでいたりしている間は、私がベルをチリンと鳴らし続けます。あなたがその行動から遠いことをしたり、違う方向に進んでいたりしている間は、ベルを鳴らしません。自分の意思で自由に動き回ってもらい、私たちが決めた行動にたどり着いてみてください。それでは始めます。スタート！」

例えば、全員で決めた行動が「会場の前方にあるホワイトボードに書いてあることをイレーザーで消す」だったとします。当然、Aさんはそのことを知りません。

会場の後方から入ってきたAさんが、会場の前の方に一歩前進しただけでベルを鳴らします。ベルの音に驚いたAさんが足を止めると、ベルを鳴らすのをやめます。しんと静まり返った会場で、Aさんが恐る恐る、また一歩を踏み出します。またベルを鳴らします。ベルの音につられるようにして、Aさんが会場前方までたどり着きました。会場前方にいるので、ベルは鳴らし続けています。

でもAさんは、ここから何をしていいのか分かりません。私の顔をじっと見つめながら、そっと手を叩きます。手を叩く行動はゴールとは違う行動なのでベルの音は止めます。手を叩くことは違うと分かったAさんは、会場前方で他に何ができるのかを考えます。

そしてホワイトボードを見つけ、そろりそろりと近づきます。ゴールに近づいていることを教えるためにベルを鳴らします。

けれどホワイトボードの前まで来たAさんが手に取ったのは、ペンでした。ペンを持ったので、また音を止めます。○印を書いてみたり、×印を書いてみたり、いろいろと試すAさんですが、一向にベルの音がしないためペンを置きました。そして代わりにイレーザーを持ち上げたので、すかさずベルを鳴らします。

ベルの音を聞いたAさんは辺りをうかがいながらも、イレーザーでホワイトボードの文字を消しました。固唾をのんで見守っていた他の受講者たちから一斉に沸き上がる拍手。Aさんは「ほっ」とうれしそうに息を吐きました。

叱られているようなベルの音

Aさんに感想を聞いてみると、このように答えます。

「ドキドキしましたが、正しい方向に進んでいるとベルが教えてくれるので、あまり悩まずにいろいろ試すことができました」

次に、もう1人の方（今度はBさんとします）にも同じように実験を行います。ただし今度はその行動から離れた行動、つまりゴールと異なる行動を取っている間中、私がベルを鳴らし続けます。

Bさんのゴールも、Aさんと同じだったとします。会場に入ってきてAさんと同じように前の方に歩いてくるBさん。しかし、今回はベルが鳴りません。

ふと立ち止まるBさん。その瞬間ベルが鳴ります。驚いてまた歩き出した瞬間、ベルはやみます。Bさんはベルが鳴らないことを確認しながら恐る恐る歩を進めます。

ついに会場前方までたどり着きましたが、何をすればいいのかが分かりません。動きが止まったのでベルを鳴らします。

何かしなければと焦るBさんは、もと来た道を戻り始めてしまいました。

ベルは鳴り続けています。左に行ってみたり右に行ってみたりしますが、やはりベルはやみません。手を叩いてみたり席に座ってみたり、さまざまな行動をしますが、音がやむ気配はありません。

そのうち、Bさんがうつむきながら右手を上げて言いました。

「ギブアップさせてください」

このときBさんに感想を聞きました。

「最初はできると思っていたのですが、ベルの音が鳴りやまず、そのうち頭が真っ白になって何も考えられなくなってしまいました」

Aさんも Bさんも、何をすればいいのかを知らされていませんでした。でも、Aさんだけがゴールにたどり着きました。

Aさんの場合、ベルの音は励ましに聞こえていたでしょう。「合っているよ、こっちでいいよ」。

Bさんの場合は叱られているように思ったでしょう。「違う、そうじゃない」。

小さなことでも褒められたい

話を会社のことに戻しましょう。

上司が考えているゴールに向かって、上司から見れば簡単と思えることだけれど、社員がその行動をしたとき、褒めている会社はあるでしょうか。例えば、営業職で「初めて見積もりをつくったとき」、製造職で「初めて機械に触ったとき」、事務職で「初めて電話に出たとき」。上司が考えているほど上手にできていないかもしれません。しかし、ゴールに向かって進み始めたことを認める言葉をかけているでしょうか。

社員に成長してもらいたいと思えば思うほど、ついつい「間違っていること」「上手にできていない部分」を口にしてしまいがちです。それがダメだということではありません。その一方で「小さな成長を認める」ことをなおざりにしてしまっていることを思い出してほしいのです。そして、小さな成長を認められることで、人はその行動を続けられることを知ってもらいたいのです。

先ほどの実験で言えば、Aさんが一歩前に進んだだけでベルを鳴らしました。Aさんにとって、前に一歩進むことは難しい行動だったでしょうか。

違います。とても簡単な行動です。そのときに「それでいいんだよ」とベルを鳴らして教えたからこそ、Aさんはゴールに向かって次の一歩を踏み出せたのです。そしてそれを積み重ねたことでゴールにたどり着けたのです。

Bさんの実験は極端な例ですが、もしも「ホワイトボードの文字を消せた」ときだけベルを鳴らすという実験をしたとしても、結果は同じようになったでしょう。自分が取っている行動が合っているのか、間違っているのか分からなければ、ゴールにたどり着くことは困難です。

ただごくたまに、先ほどのBさんの研修を難なくこなしてしまう人がいます。どれだけ「それは違うよ」とベルを鳴らし続けられても、顔色を変えず、ずんずん進んでいき、ホワイトボードの文字を消してしまえる社員です。そう、「変態社員」です（笑）。

経営者であれば「そういう、千尋の谷に突き落としても這い上がってくるような人だけ採用したい」という想いが心の中のどこかにあるでしょう。ですが、ゆめゆめ肝に銘じてください。そのような社員は、そこら中にありふれて存在している人ではありません。

世の中にはさまざまな人がいます。そして多くの人は「小さな成長を認められることをうれしいと思う人」です。若い人でもベテランでも、その点は同じだと思います。あなたが経営者だとしたら、そんな多くの人たちが成長できるようにしたいですか。ほんの一握りの変態社員を当てにして採用をしますか。

褒めることを決める

小さな成長を褒めることが大切だということを知っていただきました。でも、まだ懐疑的に思われているでしょう。

「小さな成長をいちいち褒めることなんてできない」

それはなぜでしょう。なぜそのように思われたのでしょうか。

時間がない。多くの人がそう答えるでしょう。これは真実ではありません。褒める行為はわずかな時間で可能だからです。

本当の理由、それは「小さな成長を確認する術《すべ》がない」です。

営業社員であれば、「たくさん受注を取ってくる」ということがゴールかもしれません。販売職であれば、「たくさん商品を販売する」ことかもしれません。製造職なら、「質のいい商品をたくさんつくる」ことかもしれません。ただしこれらは、「ホワイトボードの文字を消す」と同じゴールです。そこに至る「前に進む」「イレーザーを持つ」などに相当するような行動が明確にできていないのです。

まずは、これを明らかにすることが必要です。ゴールにたどり着くまでに、どのような手順を踏んでいけばいいのかを明らかにするのです。

このときにポイントがあります。それは社内で優秀な社員に注目するということです。「たくさん商品を販売する」ことがゴールだとすれば、たくさん商品を販売できる一人前になった社員をもとに、ゴールまでの手順を明らかにするのです。

優秀な社員の行動を可視化する

具体的には、たくさん商品を販売している優秀な社員が、店頭でお客様に旬の商品のおすすめをしているのであれば、ゴールに近づくためには、この「旬の商品のおすすめ」が必要だということが一つ分かります。

では、たくさん商品を販売している社員が、店頭でお客様に「旬の商品のおすすめ」をするために何か身につけている知識や技術、スキルはあるでしょうか。商品の知識を持っていて、それを上手なトークで説明しているとすれば、「旬の商品知識」を覚えることと、「おすすめトーク」を身につけることも必要だと分かります。

- 商品をたくさん売る
- 旬の商品のおすすめをする
- 旬の商品知識を身につける

・おすすめトークを覚える

これだけのことが分かれば、もう社員の小さな成長を褒めることは簡単です。商品を一つでも売れたら褒めます。上手ではなくても、お客様にたった一言「今の旬の商品はこれです」と言えたら褒めます。たった一種類でも、旬の商品知識を覚えたら褒めます。おすすめトークをワンフレーズ覚えられたら褒めます。

もちろん、「たくさん商品を売る」ことだけがゴールだとは限りません。「ロスがないように商品を売り切る」こともあるかもしれません。それもできるようになってほしいと考えるなら、同じように必要なプロセスを優秀な社員をモデルにして、書き出してみてください。

このようにプロセスを可視化し、何を成長とするかを決めてしまえば、小さな成長を見つけられるようになるのです。見つけられるかどうかは、それを意識しているかどうかです。褒められるかどうかは、それを見ているかどうかです。

疑う方は、目を閉じてください。そして、部屋の中に赤い色のものがいくつあるか思い出してみてください。おそらく、ほとんど思い出せないでしょう。

では、目を開いて辺りを見回してください。考えていた以上に赤いものがあったことに驚くでしょう。この意識の違いだけです。

褒めることを整理する

・商品をたくさん売る
・旬の商品のおすすめをする
・旬の商品知識を身につける
・おすすめトークを覚える

そのまま並べたのでは分かりにくいので、これらを体系的に整理します。

商品をたくさん売っているかどうかを判断する基準は数字です。販売額も販売数も販売量もいずれも数字です。これを私は「期待成果（の成長要素）」と呼んでいます。

旬の商品のおすすめをしているかどうかは、行動しているかどうかで判断します。これを私は「重要業務（の成長要素）」と呼んでいます。

旬の商品知識やおすすめトークは身についているかどうかで判断します。これを私は「知識・技術（の成長要素）」と呼んでいます。

そしてよくよく見ると、これらには関係性があることが分かります。

旬の商品知識やおすすめトークを身につけることで旬の商品のおすすめを上手にすることができ、旬の商品のおすすめを上手にすることができれば商品をたくさん売れるようになる、という関係です。その関係を図にしたものが「成長マップ図®」です。

いかがでしょうか。ゴールまで何をすればいいのかが、誰でも分かる状態になりました。この関係性を上手に整理して、社員に説明できている会社はほとんどありません。ただ「たくさん売れ」「おすすめをしろ」「商品知識を身につけろ」「トークを覚えろ」と言っているのが現実です。期待成果と重要業務には因果関係、重要業務と知識・技術には相関関係があることを説明していないのです。

そしてもう一つ、ここまでで説明していない成長要素があります。それは「勤務態度」です。「明るく挨拶をする」「時間を守る」「協調性がある」など、どのように振る舞って働けばいいのかを示すものです。これについても、社内で一人前になった社員をもとに明らかにできればいいのですが、よくあるのは「たくさん商品を販売できる社員なんだけど、

期待成果と重要業務を関連づける

◉販売職・一般職層の成長マップ図®のつくり方

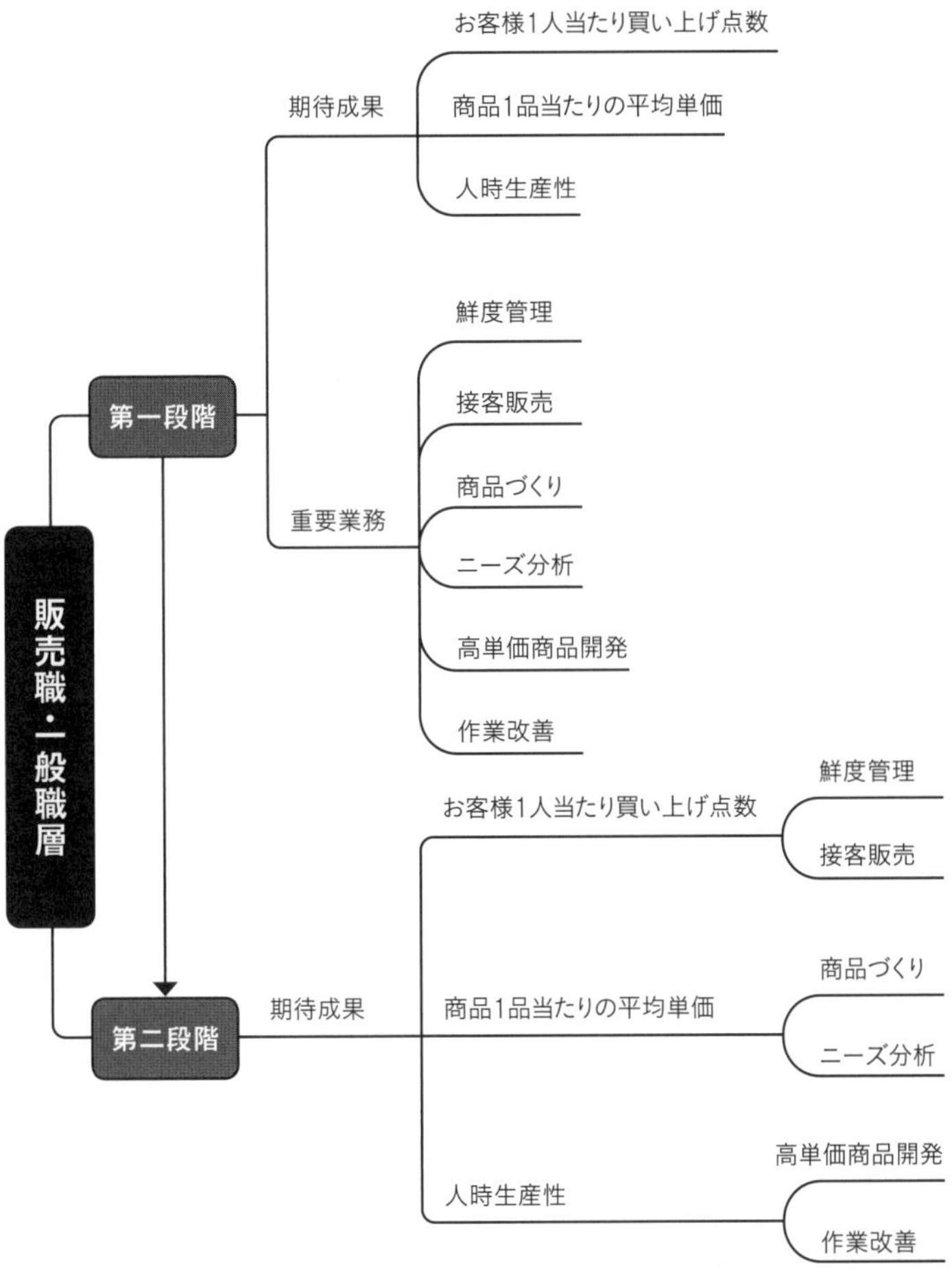

勤務態度がちょっとね……」ということです。どのような勤務態度を守らなければならないのかを説明せずに、成果が高いことばかり褒めていたことに原因があります。

その場合は、たくさん商品を販売できる社員でなくても構いません。社内にいる「この社員の勤務態度はいいなあ」という社員をもとに明らかにしてください。

褒めるための基準をつくる

褒めるための「成長要素」が決まったら、褒めるための基準「成長基準」を決めます。これはこれまでの私の44年間の経験から、5段階にするのが良いです。

まずは期待成果からです。「たくさん商品を売ってほしい」の「たくさん」とはどのようなことでしょうか。「5000万円売ったらゴール」でしょうか。「500個売ったらゴール」でしょうか。ここは必ず社内にいる最も優秀な社員が実現している数字にし、それを成長基準の5点と決めます。

では逆に、まだ全然売れていない社員はどのくらい売っているでしょうか。その数字を明らかにして1点とします。2～4点は1から5までが等間隔になるように数を決めます。

その結果、次のようになったとしましょう。

5点……5000万円以上
4点……4000万円以上
3点……3000万円以上
2点……2000万円以上
1点……2000万円未満

このような基準をつくったとして、入社した新人が1万円売ったとしたら、あなたが経営者や上司なら何と言いますか。「1点。まだまだだな」でしょうか。

5000万円というゴールから見たら確かにそうでしょう。でも、0円から1万円になったのです。「少し成果を上げたね」と褒めてあげることに問題はあるでしょうか。

「ちょっとしたことで褒めたら、天狗になって成長をやめてしまうのではないか」と心配される方もいます。でも、ゴールは5000万円だと分かっているのです。1万円売った社員が天狗になろうはずがありません。

まだまだゴールには程遠い。でも、1万円売った。それを上司も笑顔で褒めてくれた。

よし、5000万円に向かって頑張ろう。そう社員に思ってもらえるよう、次の成長を促せるように褒めるべきです。この期待成果の成長基準は、数字でつくらなければなりません。しばしば評価が問題になることがあります。最大の課題は上司の「甘辛評価（評価者によって甘い、辛いが分かれること）」です。しかし、数字であれば100％甘辛が生じないのです。重要業務や知識・技術、勤務態度については、定性的な表現で5段階で褒めるための基準をつくってください。

取り組む順番を決める

褒めることを決め、褒めるための基準をつくってきました。次に、成長する際に取り組むべき順番を決めます。

「とにもかくにも、たくさん売ることが最重要だ」。経営者や上司としてのその気持ちは分かります。けれど、成果を上げるためには重要業務を行うことが、重要業務を行うためには知識・技術を身につけることが必要だと説明しました。つまり、知識・技術なくして重要業務は行えない、重要業務を行うことなしに期待成果を上げることはできないのです。

そして、多くの経営者が実は頭を抱えているのが勤務態度です。仕事はできるけれど勤務態度が悪い……ということに悩む経営者は少なくありません。

だとすれば、取り組む順序としては次の通りでしょう。

1. 勤務態度
←
2. 知識・技術
←
3. 重要業務
←
4. 期待成果

先ほど成長基準を5段階で決めました。社員の成長を確認するために分かりやすいように、期待成果、重要業務、知識・技術、勤務態度を合わせた成長度合いを100点満点にしたいので、100点を5段階評価で割って20という数字を導き出します。

このウエートを成長要素それぞれに割り振ります。割り振られた数字が高いほど、取り組む重要度が高いということです。まさに、ウエート（重さ）を表す数字です。

・期待成果　…商品をたくさん売る　ウエート2
・重要業務　…旬の商品のおすすめをする　ウエート4
・知識・技術…旬の商品知識を身につける　ウエート6
・勤務態度　…明るく挨拶をする　ウエート8

これに、それぞれの成長基準で何点を取れているかという点数を掛け算することで、100点満点中どこまで成長したのかが分かります。仮の点数を当てはめてみましょう。

・期待成果　…商品をたくさん売る　成長基準1点×ウエート2＝2点
・重要業務　…旬の商品のおすすめをする　成長基準2点×ウエート4＝8点
・知識・技術…旬の商品知識を身につける　成長基準3点×ウエート6＝18点
・勤務態度　…明るく挨拶をする　成長基準4点×ウエート8＝32点

合計60点

この社員は、60点の成長をしているということです。

このやり方の場合、スタートの点数は20点になります。

・期待成果　…商品をたくさん売る　成長基準1点×ウエート2＝2点
・重要業務　…旬の商品のおすすめをする　成長基準1点×ウエート4＝4点
・知識・技術…旬の商品知識を身につける　成長基準1点×ウエート6＝6点
・勤務態度　…明るく挨拶をする　成長基準1点×ウエート8＝8点

合計20点

成長点数が20点から1点伸びて21点になった。通常、これを褒める会社はないでしょう。しかしもう分かっていただいたことでしょう。1点伸びた。これは小さな成長です。そして、称えるべき大きな1歩です。企業は大学ではありませんから、赤点はありません。21点はダメ、と叱るのではなく、1点も伸びたと考えて次の成長を促すのです。

管理職は期待成果のウエートを大きくする

◉ウエート配分表

		階層		
		一般職層	中堅職層	管理職層
成長要素	期待成果	2	6	10
	重要業務	4	6	6
	知識・技術	6	4	2
	勤務態度	8	4	2
ウエート合計		20	20	20

階層ごとに、成長要素のウエートを決める。このサンプルでは、一般職層は勤務態度のウエートを大きくし、期待成果のウエートを小さくしている。管理職層は成果に責任を持ってもらうため、期待成果のウエートを大きくしている

例えば、営業社員が入社してから、どのくらいでトップクラスの営業社員と同じような成果を上げることになるでしょうか。場合によっては10年かかる場合もあるでしょう。その間、社員は成長していないのでしょうか。そんなはずはありません。

ただ、従来の評価制度では可視化する術がなかったのです。対して、これまで説明してきた方法ならば、成長が見える。繰り返しますが、優秀な社員がしていることを成長要素で整理して、プロセスを4つに分解するのです。

「成果を上げている」（期待成果）
「成果を上げるための重要業務をやっている」（重要業務）
「重要業務を遂行するための知識・技術を習得している」（知識・技術）
「勤務態度を守っている」（勤務態度）

通常、社員が入社したら最初に勤務態度を守るように指導し、知識・技術を学ばせ、そして重要業務を遂行できるようにその順番で指導していきます。最初から大きな成果を上げられることはありません。勤務態度を守ったことは成長だと、私は考えます。また、知識・技術を身につけたことも成長だと考えます。重要業務を遂行できることも成長だと考えます。それが成長点数という分かりやすい数字で把握することができたら、一人前になるまでの10年間で社員の成長のプロセスを確認することができます。

社員は、最初から高い成長点数を獲得することはできませんが、徐々に自分の成長点数が30点、40点と伸びることを確認でき、自己評価をすることができます。

一般的にはこの成長を確認する仕組みがありません。そこでこれまでの内容を表のかたちにまとめたものが136〜137ページのシートです。私はこれを「成長シート®」と呼んでいます。

職務記述書というと、箇条書きで並べるタイプをイメージする人が多いかもしれませんが、決まった様式はありません。成長シートは、各社員に求める期待成果、重要業務、知識・技術、勤務態度の内容とその成長段階がセットになった独自のものです。

成長要素をまとめたシートをつくる

この成長シートがあれば、社員の成長プロセスを点数で確認することができるので社員の小さな成長を褒めることができ、社員の成長を促せるのです。これさえあれば、入社前の人も「この会社に入ったら、何をすればいいのか」が分かります。

あとはこの「成長シートで何点のとき」「業績がどうだったら」、どのように昇給したり賞与を支給したりするのかを、今までの経営者の決定の実績をもとに可視化して仕組み化すれば、賃金制度だってつくれます。

この成長シートは、社内に実在する優秀な社員の働き方をもとにつくったものなので、個々の社員が成長して、みんなが優秀な社員に近づけば業績向上につながります。そのため、成長しても昇給・賞与が増えないというリスクは少ないと言えます。

お気づきになったでしょうか。メンバーシップ型の問題と言われ、ジョブ型で解決できるとされる「評価と賃金の不一致」が解消できるのです。

まさにこの成長シートは、日本型の職務記述書と言えます。しかも「やるべきこと」が明確化されているだけにとどまらず、次に何をすればさらに成長できるのかまで整理されています。自社の優秀な社員をもとに成長シートを作成すればいいので、業務をすべて書き出す手間もありません。社員の成長機能を搭載した職務記述書です。

ジョブ型雇用の導入を予定している企業は、このように仕事内容を可視化した上で、従

シート® ■

実施日　20XX年　7月　8日

成長支援者	松本　太郎	印

成長基準

3	4	5	成長確認 本人	成長確認 上司	成長確認 決定
1.6点以上	2.0点以上	2.4点以上			
460円以上	570円以上	680円以上			
3,100円以上	3,800円以上	4,500円以上			
その業務を基本となるやり方で実施していた	その業務を優れたやり方で実施していた	その業務を優れたやり方で実施しており、他の社員にも教えていた			
その業務を基本となるやり方で実施していた	その業務を優れたやり方で実施していた	その業務を優れたやり方で実施しており、他の社員にも教えていた			
その業務を基本となるやり方で実施していた	その業務を優れたやり方で実施していた	その業務を優れたやり方で実施しており、他の社員にも教えていた			
その業務を基本となるやり方で実施していた	その業務を優れたやり方で実施していた	その業務を優れたやり方で実施しており、他の社員にも教えていた			
その業務を基本となるやり方で実施していた	その業務を優れたやり方で実施していた	その業務を優れたやり方で実施しており、他の社員にも教えていた			
基本的なものは持っていた	応用的なものも持っていた	業務を実施するために必要なものはすべて持っており、他の社員にも教えていた			
基本的なものは持っていた	応用的なものも持っていた	業務を実施するために必要なものはすべて持っており、他の社員にも教えていた			
基本的なものは持っていた	応用的なものも持っていた	業務を実施するために必要なものはすべて持っており、他の社員にも教えていた			
基本的なものは持っていた	応用的なものも持っていた	業務を実施するために必要なものはすべて持っており、他の社員にも教えていた			
基本的なものは持っていた	応用的なものも持っていた	業務を実施するために必要なものはすべて持っており、他の社員にも教えていた			
ほぼ守っていた	守っていた	守っており、他の社員にも教えていた			
ほぼ守っていた	守っていた	守っており、他の社員にも教えていた			
ほぼ守っていた	守っていた	守っており、他の社員にも教えていた			
ほぼ守っていた	守っていた	守っており、他の社員にも教えていた			

これが、日本型ジョブディスクリプション「成長シート®」の全体像

◉成長シート®

部門名　店舗運営　　職種　販売　　階層　一般職

対象期間　20XX年 4月 1日 ～ 20XX年 6月 30日

■ 成長

所属	鮮魚	等級	3	社員コード	10003	社員名	佐藤　一郎

			成長要素	定義	着眼点	ウェート	1	2
期待成果	1	A	お客様1人当たり買い上げ点数			0.50	1.2点未満	1.2点以上
	2	B	販売商品1品当たり平均単価			0.50	350円未満	350円以上
	3	C	人時生産性			1.00	2,400円未満	2,400円以上
			小　計			2.00		
重要業務	4	A1	鮮度管理			0.50	その業務をやっていなかった	その業務を少しやっていた
	5	A2	接客販売			0.50	その業務をやっていなかった	その業務を少しやっていた
	6	B1	商品づくり			0.50	その業務をやっていなかった	その業務を少しやっていた
	7	B2	ニーズ分析			0.50	その業務をやっていなかった	その業務を少しやっていた
	8	C1	作業改善			2.00	その業務をやっていなかった	その業務を少しやっていた
			小　計			4.00		
知識・技術	9	A1	商品知識(鮮度知識)			0.75	持っていなかった	少し持っていた
	10	A2	接客トーク			0.75	持っていなかった	少し持っていた
	11	B1	商品知識(料理知識)			0.75	持っていなかった	少し持っていた
	12	B2	加工技術			0.75	持っていなかった	少し持っていた
	13	C1	標準作業時間			3.00	持っていなかった	少し持っていた
			小　計			6.00		
勤務態度	14		積極性			2.00	守っていなかった	少し守っていた
	15		責任感			2.00	守っていなかった	少し守っていた
	16		規律性			2.00	守っていなかった	少し守っていた
	17		協調性			2.00	守っていなかった	少し守っていた
			小　計			8.00		
			合　計			20.00		

来のような最初に人ありきの「適材適所」ではなく、最初に仕事ありきで、それに最適な人材を社内外から募る「適所適材」を目指しているようです。人材が社会全体でもっと流動化し、公的な社会人教育のインフラも整っているならば、それも可能かもしれませんが、日本の現状のままでは、適所適材はなかなか実現しにくいと思います。

人事制度を変える最終目的が、社員を成長させ、その力を最大限に生かし、事業を伸ばすことならば、雇用はメンバーシップ型にしつつ、仕事内容を可視化するというジョブ型のエッセンスを組み込む。そうして両者のいいとこ取りをすれば、評価と賃金の不一致は解決しますし、社員は安心して成長を目指せます。

私はこれが、日本企業の人事問題の課題を解決する道筋だと考えます。なぜなら、この手法はすでに1300社以上が導入し、実績を上げているからです。

努力で変わる数字で評価

成長シートは、間接部門などのスタッフ職にも適用できます。

スタッフ職には、会社が期待する成果の数字はないと諦めている経営者が多いようです。

本当に人事部に期待されている数字はないのでしょうか。総務部に期待されている数字はどうでしょう。経理部に期待されている数字はないでしょうか。

そんなことはありません。例えば、新しい人事制度を採用したなら、「全社員の伸びた成長点数」を人事部の評価項目にすればいい。「社員の定着率」などで評価することもできます。その他にも例えば、「社員1人当たりの採用コスト」「キャッシュフロー」「経常利益率」といったことが挙げられます。

ただしこれらの成果は、スタッフ職の管理職層、あるいは経営者が責任を持っていることであり、一般職層の人たちが定型的な仕事を主にしているとすれば、それらを自身の成果とすることには無理があるケースがあります。その場合、一般職層では「生産性」という期待成果で評価することが可能です。

伝票処理なら、処理枚数を処理時間で割り算します。これによって1時間当たりの処理枚数が出ます。あるいは、入力の仕事があるでしょう。入力した件数を入力にかけた時間で割ることによって、1時間当たりの入力件数が出ます。

人事部や経理部がそうした成果を確認しながら働くことで、会社全体の売り上げや利益を押し上げることは言うまでもありません。

職務記述書を賃金を決める目的でつくるのか、社員を成長させるためにつくるのか。成長シートは目的を社員の成長に置いているから、社員が喜び、うまく機能するのです。

私がここまで成長にこだわるのは、やはり前勤務先の魚屋の経験からです。前述のように、最初に見た社員は無気力な人が多かった。そのような社員たちが、あることを境に変わり始めます。今まで「オレなんかどうでもいい存在なんだ」と愚痴ばかり言っていたのに、「オレもやればできる」と楽しみながら仕事をするようになったのです。

彼らを変えたのが「評価と賃金の仕組み」でした。

その会社では、店舗数が十数店舗に増えてきたとき、大きく分けて3つの種類の店舗がありました。一つは駅ビルの中の店舗、一つは百貨店の中の店舗、あとの一つは住宅街にある路面店でした。駅ビル店は路面店の15倍以上も売り上げており、社長も駅ビル店の店長をいつも褒めちぎっていました。

しかし、駅ビル店の店長は会社に対して不満を感じていました。なぜなら、ほかの店の何倍も売っていて、社長にも認められているはずなのに、路面店の店長と給料を比べると、月給はほとんど変わらず、賞与でも1、2万円程度の差しかなかったからです。

社長の頭の中にあるものが正しい

駅ビル店の店長の不満を解消するためにはどうしたらいいのでしょうか。それには、社長は実際には売り上げだけで評価しているのではないとはっきり示すことです。

売り上げは、客数と客単価のかけ算です。客数は店の立地条件が大きく影響するため、店長の努力だけでは伸ばせません。ですから、客数ではなく、客単価で評価をすればいいわけです。客単価は、接客態度や商品の売り方など店舗の努力次第で変わるからです。

さらに分解していくと、客単価は商品1品当たりの平均単価に、お客様1人当たりの買い上げ点数をかけたものですし、買い上げ点数を上げるには、例えば魚の鮮度管理が大切だと分かりました。

つまり、店長の評価は売り上げではなく、店長が売り上げを伸ばすために努力できる「1人当たりの買い上げ点数」や「鮮度管理」などで見ることが重要です。

以前はどの店長も駅ビル店に行きたがりましたが、成長シートの期待成果を「お客様1人当たり買い上げ点数」と「販売商品1品当たり平均単価」にして、因果関係のある重要業務を明らかにしてからは、みんな、規模に関係なく「どこの店でもいい」と言うようになりました。駅ビル店でも路面店でも頑張ったことを認めてもらえると分かったからです。

ここで一つ疑問が湧くはずです。売り上げの多い駅ビル店の店長をいつも褒めちぎっていた社長が、なぜ駅ビル店と路面店の店長の賃金にさほど差をつけていなかったのでしょうか。社長に聞いてみると、こう答えました。

「路面店は路面店なりに頑張っているんだ」

そうです。社長も売り上げ以外の評価軸を何となくですが、持っていたのです。実際に分析してみると、駅ビル店と路面店の売り上げの差は単純に客数の違いだけでした。

社員を評価する勘は、中小企業の社長は鋭い。社員30人くらいまでの中小企業の社長がどう賞与を決めているかというと、「彼は頑張ったから昨年より5万円プラスかなあ」「彼はそれほど伸びていないけど、1万円乗せておこう」とか、そんな決め方です。

これが適当なようでいて、妥当な評価をしていることがほとんどです。可視化されていないだけで、社長の頭の中には評価軸や賃金の決め方があります。それを頭の中から引っ張り出して整理すれば、自社に合った人事制度ができるのです。

本当に社長が考えていることが正しいのかって?

そこそこ社歴が長い会社なら、絶対に正しいです。そうでなければ、会社はとっくに潰れているでしょうし、社員も辞めています。社員を集めて、教育して、定着させている中小企業経営者の賃金の決め方に間違いはありません。

ここまで言い切ることができるのには訳があります。先述の「成長塾」で昇給や賞与の決め方を、経営者のこれまで決めてきた金額をもとに可視化してみると、驚くほどほとんどが仕組みに落とせてしまうのです。

人事制度は特殊なものであり、専門家に学ぶべきだという考え方をする人があまりに多いのですが、それが失敗の始まりです。人に与えられたものではなく、経営者自身が考えていることを、そのまま人事制度として可視化すればいい。

経営者が今までやってきたことの中に、必ず人事制度の原型はあるのです。年功序列型がいいか目標管理制度がいいかと形から入るのではなく、経営者の考えていることが、その会社に一番合う人事制度なのです。

優秀な社員の基準は会社によって違う

当たり前のことですが、会社によって優秀な社員は異なります。規模によっても違いますし、その会社が草創期にあるのか、成長期にあるのかによっても違います。また業種によっても違います。すべての会社ごとに、優秀な社員像は異なるのです。

経営者は「優秀な社員が欲しい」とよく言います。ところが、その経営者に「御社にとって優秀な社員とはどんな社員ですか」と質問すると、「どの会社でも優秀な社員は同じではないのですか」と逆に聞き返されます。

私は1301社の成長シートの作成指導をしてきました。同じ業種、同じ規模の企業の成長シートを同時につくったことがありますが、目を丸くするくらい、成長シートの中身が違うのです。それは、経営者によって社員を褒めるポイントが違うからです。

会社によって、どのような種類の成果を上げたら優秀なのかが違います。

何をして成果を上げているかという重要業務も違います。

重要業務をするために、どんな知識・技術が必要なのかも会社によって違います。

そして企業風土が違うように、どんな態度で、どのような価値観で仕事をしてもらいたいのかも会社によって違います。

それを成長シートにまとめると、「自社にとっての優秀な社員とはどんな社員か」が、初めて把握できます。そして「こういう優秀な社員を採用したい」と具体的な採用活動に展開できるのです。採用のときには、成長シートを使うことになるでしょう。

また、人事制度に関して「この人事制度は大手企業では使える」とか、「こういう人事制度は中小企業でしか使えない」といった意見がありますが、それは一概には言えません。ただ、優秀な社員をモデルにつくる成長シートは規模に関係なく使用できます。

例えば営業職の成長シートであれば、巨大メーカーであろうが中小メーカーであろうが、同じではありませんが、似たような成長シートになる可能性があります。規模は関係ない。むしろ、会社の風土、経営者の考え方などによって生じる差のほうが大きい。

例えば、営業職の社員に求める成果が同じであれば、似た成長要素が出てくる。具体的には「新規開拓件数」の多い社員が優秀だと考えたときに、規模に関係なくその部分は同じような成長要素になる可能性があるということです。

ただ、規模によって明らかに違うものがあります。中小企業と大手企業では、社員の習得する業務の範囲が違うことです。前述のように中小企業では、多能工の社員は優秀だと褒められます。規模が大きくなるに従って組織が分化し、役割が細かく分かれていきますので単能工になっていきます。

このように規模による違いも多少はありますが、優秀な社員をモデルにして成長シートという職務記述書をつくることは、業種・規模に関係なく、社員を成長させたいと考えている企業であれば共通して効果は絶大です。

教えることを評価する

前勤務先の話に戻しましょう。

職人ではない私は、社長の参謀役を兼務しながら、生産性を上げるため店長として現場に入ることにしました。魚をさばけなかったので、店の職人さんに「教えてください」と頭を下げて頼みました。

すると一言、「目で盗んで学ぶんだよ」と言われて終わり。包丁に触るどころか、陳列やゴミ片付けしかやらせてもらえませんでした。こんな調子では若い人ならすぐに辞めてしまうと思いました。なぜ、職人たちは新人に包丁技術を教えたがらないのでしょうか。それは、教えると自分の立場が危うくなるからです。

例えば、35歳で、月給35万円の職人Aさんがいるとします。同じ店に、18歳の新人Bさんが入社してきました。Bさんの初任給は16万円ですが、1年後、16・5万円に上がりました。Aさんの月給は1年前と変わらず35万円です。もしこの時点で、2人の包丁技術が同じだったら、経営者は何を考えるでしょうか。

おそらく月給35万円のAさんの賃金を下げたくなるはずです。だから、職人は新人に教えないのです。自分の立場を危うくする人を誰が育てるでしょうか。

そこで前勤務先では、教えると「損」ではなく、「得」する仕組みを導入しました。分かりやすく説明すると、教育係として新入社員に包丁技術を教え、彼らを一人前にした人数を成長とする制度です。

それまで職人の給料には上限がありました。なぜなら魚屋にとって職人の腕と商品価格はあまり関係がないからです。例えば、刺し身4点盛りで680円の商品があったとして、これを腕の立つ職人が作ったら、3800円で売れるかと言えばそんなことはありません。つまり、職人がどれだけ腕を磨こうと、比例して商品価値は上がらないのです。

これに対して新しい制度では、人に教えることで賃金が上がっていきます。

一般的に職人は教えるのが下手ですから、初めのうちは大変でした。「どうしてオレの言っていることが分からないんだ！」と大声で怒鳴ったりして、よく新人を泣かせていました。そこから、彼らの悪戦苦闘が始まって、「こういう手順で教えると分かりやすいんだな」とか「少しは褒めないといけないんだな」といったことを学んでいったのです。

給料は増えるし、何よりも周りからは「お師匠さん」と慕われて、職人たちはみんないきいきと仕事をするようになりました。指導の仕方もどんどん良くなり、最終的には、どんな新人でも特殊な魚以外はすべて1年間でさばけるようになったのです。包丁技術を身につけるためには10年かかると言われた時代です。

月給35万円だった職人に月給40万円を支払ったとしても、1年間で新人10人が包丁技術を習得するとしたら、安いものだと思いませんか。

「ダメな社員をください」

店長も同じで、部下指導をしっかりしていませんでした。部下を成長させても評価してもらえないからです。むしろ、店の業績で評価されるので、優秀な社員を集めたほうがいいに決まっています。だから結局、ダメな社員は組織の中でひそかにたらい回しでした。

私は店長が「ダメな社員をください。私が伸ばします」と言ってくれるようになるにはどうしたらいいか考えました。そこで、「部下の伸びた成長点数」を上司の評価に組み入れることにしました。すると、今度はダメな社員ほど伸びしろが大きく、伸ばしやすいので、みんなこぞって「ダメな社員をください」と願い出るようになったのです。

多くの企業が「教える」ことを評価していませんが、前勤務先ではここに注力しました。成果主義のような人事制度では、相対的に成果を上げることが必要なので、そのための方法をほかの社員には絶対に話しません。しかし、教えることが自分のメリットになる仕組みをつくれば、落ちこぼれを生むこともなく、社員全員の能力とやる気を底上げできるのです。

前勤務先は「ほかに行くところがないから、ここで働くことにした」という社員が多くいました。しかしそんな彼らも、「魚をさばくのが早いね」「筋がいいね」と少し褒めてあげると、それだけで変わりました。

「生まれてこの方、誰にも褒められたことがない。でも、この会社はオレを褒めるんだよね」と、うれしそうに話していた社員もいました。誰かに認められると、「オレたちってダメだよね」と諦めていた人間が目を輝かせてくるんです。

あなたが経営者や上司だとして、ダメと思える社員に朝から晩まで「ダメだ、ダメだ」と言っていませんか。

確かに、優秀な社員と比べると仕事ができないのかもしれませんが、何をどこまで頑張ったらいいのかも教えず、ダメだとばかり言われていたら、入社のときにやる気があった社員だって、やる気をなくします。小さな成長でも認めてもらえたら、褒めてもらえたら、「自分はこの店に必要な存在なんだ」と思い、自ら成長し始めるのです。

いつか若い女性社員がうれしそうに話してくれました。「今日、カツオのたたきに、アサツキや生のショウガを添えてみたら、お客様の評判がすごくよかったんです」「それはすごい！」。私はすかさず褒めました。これは小さな話かもしれません。会社全体の売り上げから見たら1％以下の話です。でも、この社員は自分の商品づくりを褒められたことで、「明日はもう一工夫してみよう」とやる気になったと思うのです。

よく経営者が間違えているのは、ダメな社員が優秀な社員のレベルまで達したら褒めようと思っていることです。

これは、山登りの初心者に、ロッククライミングをさせているのと同じ。ダメな社員はやる気がないのではなくて、やり方が分からないだけです。それを教えて、少しずつでも成長させていく。小さな階段を上がるごとに褒めて、その分給料を少しずつ増やしてあげる。人事制度の根幹はこれに尽きます。

職場の人間関係が良くなる

社員が互いに教え合う会社は、社内の人間関係がとても良いはずです。逆にこれができていないと、社員の離職率は高くなります。

もしかしたら、人を育てるのが苦手という人がいるかもしれません。もっとも、「人を育てるのが上手だから」といって創業した経営者を私はまだ一人も知りません。でも、社員を採用した段階で人を育てることが上手ではなくても、社外のマネジメント研修に通わなくても、経営者は次第に人を育てることが上手になると私は思っています。

その理由は、「縁あって入社した社員を成長させたい、物心両面を豊かにしたい、幸せな人生を送らせたい」という想いが、人を育てる力をつけさせていくと考えるからです。その想いは誰にも負けないでしょう。そんな経営者のもとで働く社員は、みんなで一緒にこの場所で成長しようと考えるはずです。ただ一言、評価制度に〝あること〟を盛り込めば、社員は困っている仲間を助けるようになるのです。

一言とは何か。社員というのは「評価されるように」育ちます。評価されることが明確になっていれば、その行動を必ず取ってくれるということです。そこで、成長シートの重要業務の成長基準の5点は、次のように基準をつくっておきます。

「重要業務を優れたやり方で行っており、他の社員に教えている」

たったこれだけです。この基準が入った成長シートを使った経営者は、異口同音に社員の変化に驚きます。

「どうして社員は、こんなに困っている社員を助けるようになったのだろう」

それは経営者が、困っている社員を助けることが最も優秀な社員であることを、この成長基準で示したからです。

あるゲームメーカーの事例

ある大手ゲームメーカーの社員の話を聞いて、この会社にもし、成長シートがあったら社員は定着し、成長するだろうなと思ったことがあります。

その社員は、日本では誰もが知る大ヒットゲームを開発しました。3年たった今でも売れています。しかし、そのゲーム開発の評価は単年度で終わったと嘆くのです。そのことをとても残念がっており、この人の成長がここで止まったように私は感じました。

この会社に成長シートがあり、この優秀な社員が他の社員のゲーム開発にアドバイスをしたり協力したりして、ヒット商品づくりに貢献することを評価したらどうでしょう。商品開発は勘の世界、センスの世界と言う人もいます。しかし、すべての仕事には必ずコツ、ポイントがあります。それをつかんでヒットゲームを開発したのであれば、その経験はその優秀な社員に埋没させずに、他の社員にも共有化すべきだと私は思います。

それは、その社員にとってもうれしいことでしょう。中堅職になってワクワクしながら自分でゲームを開発し、しっかり部下も指導している様子は、他の社員の成長モデルになります。社員の悲しげな表情を見るにつけ、この会社で、成長のゴールが可視化されていないことをとても残念に思いました。

一人一人が他の社員に教え、助けることをしていれば、全社員が一緒に成長していくのではないでしょうか。もちろん成長のスピードには違いがありますが、全社員が成長するとき、企業経営の中であるものが変わります。それが業績です。

今まで職場環境がいい、人間関係がいい会社で業績が悪くなったことを聞いたことがありません。「教えることは優秀である」ときちんと社員に分かるかたちで明示するだけで、風土と業績が良くなることを知ってもらいたいと思います。

「言わなくても分かる」は幻想

ではなぜ、これまで成長シートのような職務記述書をつくる企業が少なかったのでしょうか。それは「言わなくても分かるだろう」「言わなくても分かる人が優秀だ」と考えることが当たり前になってしまっていたためです。

私たちが使う日本語は、外国語を話す人からすると難解だと言われます。主語などを省略しても状況や流れから何となく「察して」判断することで、会話ができてしまうのです。

例えば「部下指導」という言葉からもそれが分かります。

「部下を指導してください」と言われた上司は、誰でも「はい」と答えるでしょう。「部下を育てればいいんだな」と考えます。

では、何をすれば部下が育つと考えているのでしょうか。実際に上司を集めて「部下指導とは具体的に何をすることか」を一斉に書き出してもらってください。

「横について仕事のやり方を教える」

「褒める」

「叱る」

「発破をかける」

それはもう、いろいろな言葉が出てきます。

入社して働けば、周りの人たちの様子を察してどうすればいいのか分かるだろうというのは「先輩の背中を見て覚えろ」の世界です。それができるのが優秀な社員だと考えてしまい、察することができずに伸び悩む社員をほったらかしにしてきました。

言わなくても分かるというのは幻想です。

言わなくても分かる、という曖昧な指導がまかり通っていたことに加え、日本企業では上司向けの教育も適当です。日本では一般職層で優秀と認められると、マネジャークラスに相当する中堅職層にステップアップさせます。

この段階で、部下指導の仕方について十分に学ばせることなく、いきなり部下を持たせます。部下指導が上手だから中堅職にステップアップさせたわけではないので、多くの場合、上手に指導できません。ですから、部下指導・部下育成に関してのマネジメント研修や管理者研修がたくさん行われています。

日本ではステップアップが卒業方式のため、そのこと自体が問題とまでは言えません。中堅職にステップアップしてから学んでいけばいいことだからです。問題は「上司にしたからといって部下指導ができるわけではない」ということを会社が自覚していないことです。部下指導が上手にできないことは上司の問題ではありません。会社の問題です。部下の成長シートに相当するものを上司に示していないのですから、上司は手探りで指導内容の見当をつけるしかない。部下が異動するときも、その部下の詳細な成長レベルを新しい上司に引き継ぐことはまずありません。

成長シートを使えば部下指導がスムーズになります。ある部下が重要業務をどのくらい遂行しているか。1点なのか、2点なのか、3点なのか、4点なのか、5点なのかが分かるので、部下の現在位置と次のステップを確認した上で指導できます。「発破をかける」という曖昧な言い方をして、部下指導から逃げなくていいのです。

また、どんな上司でも、成長シートのような共通フォーマットがないと、甘辛評価が出てしまうので、社員は異動のたびに上司の評価が違うことに戸惑うことになります。

ただ、上司の甘辛評価が生じないものが数字の成果です。

ある上司が3000万円を売り上げた部下に対して、「君の3000万円は、私から見たら2000万円だ」という評価をすることはありえません。他の上司が「君の3000万円は、私から見たら4000万円だ」と評価することもありません。

数字は客観的で、誰が見ても同じ。ここには甘辛評価が出ることはありません。つまり、上司も部下も成果の大きさに対しては、評価のギャップが生じないのです。

仕事の成果である数字を部下を叱るために使っている会社が多いのですが、本来、数字とは、社員にとっては自分の仕事がうまくいったかどうか、上司にとっては部下の仕事がうまくいったかどうかを、正しく判断するための指標なのです。

評価のフィードバック

上司には評価者研修を受けさせている会社が多いようですが、そこで行われていることは、「部下の良い点を見つけよう」など定性的な内容で、「心がけ」の域を出ません。私の指導先ではすべての上司が集まって、部下全員の評価を検討する「成長支援会議」を開いてもらいます。ここで決まった成長点数を後日、部下にフィードバックします。

全上司が集まるこの会議で、甘辛評価は完全に解消します。厳密に言えば、本当に甘辛評価が発生している会社はほとんどありません。なぜなら甘辛とは、「会社（経営者）が決めた評価よりも甘い、辛い評価をすること」だからです。会社（経営者）の評価を示してもいないのに甘辛はありません。あるのは上司の評価のバラツキだけです。

成長支援会議ではこのバラツキを確認しながら、経営者が評価の仕方を統一することで、全社員を同じ基準で評価し、成長度合いを確定させます。

それでも納得できない評価があれば、社員は納得するまで上司に質問すべきでしょう。自分は成長基準の5点まで成長していると思っているのに、上司は3点だと言う。これを評価のギャップと言いますが、これがあるまま指導するとどうなるでしょうか。

部下は「自分は仕事ができるのに、どうしてこんなに厳しい指導をされなければならないのか」と、上司の指導に不満を持つことになります。

逆もあります。「自分はまだまだできない、成長基準は2点だ」と思っているのに、上司が「あなたは4点なので、これからは他の社員に仕事を教えてもらいたい」と考えていたら、上司から指導してもらう機会は少なくなります。

高い評価をしてもらっていることを知っていればまだしも、「私は上司から嫌われているので指導を全く受けることができない」と誤解したらどうでしょうか。実は、上司と部下の人間関係の問題の多くは、部下の評価のフィードバックを「組織的」にしていないことにあります。

それぞれの経営者ごとにそれぞれの評価軸があり、それを上司たちが理解した上でそれに沿うように評価するのが大原則です。さらに、評価される側の社員も、自身の評価を把握し、納得する。これが組織的な評価です。大企業でも中小企業でも、この組織的な評価の仕組みができていないから部下指導があまり有効に機能していないのです。

「あなたは優秀になりたいですか」

日本は高度成長時代を過ぎ、安定成長時代になり、今は低成長時代です。高度成長時代には、社員の昇給・賞与を相対評価で決めても不平不満がさほど出ませんでした。差があっても結局全員が去年よりも昇給し、賞与が増えている――そうであれば、社員の不平不満は消え去ってしまう傾向がありました。経営的にはラクで、ありがたい時代です。

しかし、今は違います。社員を成長基準で絶対評価し、その評価と賃金を一致させなければならない。賃下げで評価と賃金を一致させるのは誰でもできます。しかし、それでは組織が弱体化する。だからこそ、どうしても賃金を下げるのであれば、逆にどうすれば賃金を上げることができるかを説明しなければなりません。

成果主義で賃金を下げるのであれば、どうすれば成果を上げることができるかが最も大切な指導になるでしょう。ジョブ型雇用を採用して賃金を引き下げるのであれば、そのジョブ型雇用において、どうすれば社員が賃金を上げることができるかを会社は指導しなければならない。その部分が見えなければ、社員は不安に思う一方です。

成長シートは、優秀な社員をモデルにつくります。高い成果を上げている社員は何をしているかを重要業務、知識・技術、勤務態度に整理して、明らかにしています。だからこそ、成果が低い人は、その理由もはっきり出ます。その人は重要業務を十分に遂行していないのです。それは、逃げも隠れもできない成長点数として表れます。

勤続年数が長い社員でも成長点数が低いことはあります。そのことに耐えられない人は会社を辞めるかもしれません。ただ、社員の成長を目的にしている評価制度ですから、ほんのわずかでも前進した人は必ず評価されます。小さな成長を見てくれる人がいないという、そんな悲しいことは起きません。だから、社員が共に優秀になっていくのです。

社員に聞いてみてください。「あなたは優秀になりたいですか――」

もし仮に「優秀になりたくない」と発言するのであれば、残念ながら、今の会社にその社員の将来はないでしょう。しかし、社員が成長したいと思っているならば、そのための仕組みをつくっていくことが経営者の大事な役割の一つだと言えます。

成長シートは、成長点数が20点であれば20点の昇給・賞与、40点であれば40点、60点であれば60点、80点であれば80点の昇給・賞与を支給します。成長したことをはっきりと、社員に見えるかたちで説明できるのです。

賃金モデルを社員に示す

中小企業の場合は、なかなか優秀な社員を採用できないという悩みを持っています。それは、中小企業は賃金が低いという変な〝常識〟があるからです。そのため、優秀な学生ほど大手企業に行こうとします。

しかし中小企業も成長シートがあれば、成長に応じてどのように賃金が増えるかという、大手企業と比べて遜色ない「モデル賃金」を作成することができます。

これは定着にも有効です。大卒社員が3年間で30％も辞める時代です。求人情報を扱っている会社の調査によりますと、社員が辞めた理由に、「評価に納得できなかった」「賃金に納得できなかった」という項目が並びます。評価の問題と賃金の問題を解決できれば定着率が高まる可能性が十分にあります。

社員が不安を覚えるのは、実は賃金が少ないことより、賃金の増え方が見えないことです。そこで、一般社員から、中堅職、管理職と全社員にステップアップしてもらいたいと考えていること、それに伴って高い賃金が提供できる可能性があることをモデル賃金をもとに示すと、社員は安心します。

もっとも、昇給・賞与には業績が絡みますので、業績が悪い年があれば、その年は昇給・賞与が少ない、または、ないこともありえます。そのこともすべて社員に理解をしてもらえば、不平不満をなくすことができるのです。

加えて、成長シートをもとに、評価で納得できないこと、または賃金に納得できないことを社員から質問してもらうことが必要です。一般的に、社員からの質問の80%は誤解です。なぜなら、成長シートは社員を成長させて賃金を高めたいと考えてつくったものだからです。

人事制度は、社員からの意見によって見直しをするものであり、セミナーや本を読んで見直しをするものではありません。制度が年々ブラッシュアップされ、評価に納得するようになった社員は、この会社でしっかり成長することを決めるでしょう。

第4章

既存の人事制度をパワーアップする

日本型の職務記述書「成長シート」を使うことで、人事制度の不毛な論争に終止符を打つことができます。年功序列型や成果配分型の要素をどのように成長シートに落とし込めば、それぞれの賃金制度が抱える課題を解決できるのか。本章ではその点を考えます。

年功序列型賃金の問題解決法

年功序列型賃金の問題解決法は、その支給の目的をはっきりと決めることです。

新卒社員は、一から仕事を覚えてもらうことを前提に採用しています。基本的に社員は急に成長することはありません。業種・仕事内容によりけりですが、一人前になるためには平均10年間かかります。上司は苦労しながら部下を10年かけて勤務態度を良くし、知識・技術を高め、そして重要業務ができるように指導していきます。結果として、新卒社員も成果が上がるように育ちます。

よく知られた格言に「魚を与えるよりも、魚の釣り方を教えてやれ」がありますが、会社では学校と違い、教えることで授業料をもらうことはありません。それどころか、一人前になる前の社員にも毎年昇給しています。この昇給はどんな意味があるのでしょうか。

まだ成果を上げられるように育っていないけれど、彼らにも生活がある以上、その生活を保障しようという意味合いで昇給しているのかもしれません。そう考えたときに、例えば、「年齢給は社員の生活保障をするために支給する」と決めたとします。

このように考えると、年齢給表をどのようにつくるか、加算を何歳までするかということに、一つのアイデアが出ないでしょうか。先ほどのように新卒社員を一人前にするために10年かかるとします。それであれば、年齢給表は10年間だけの昇給でいいかもしれません。もし経営者がそう考えるなら、高卒18歳で入社したことを前提に、28歳まで加算されるという年齢給表をつくることができます。

そんな年齢給表は見たことがないと言うかもしれません。何も奇をてらったことを言いたいわけではありません。大事なことは、今の問題を解決することです。60歳まで年齢給を昇給し続けた社員に対し、「あなたの年齢給は高すぎる」と言っても、本人は戸惑いを隠せません。60歳になってから高いと言われても、もう対応のしようがないのです。

「当社は、入社から10年間は生活保障給としての年齢給を昇給しますが、それ以降は年齢給の昇給はありません。一方、成長給という仕事給がありますので、中堅職層以上になったら、この成長給があなたの成長に合わせて昇給していくことになります。だから、もしあなたが10年たっても中堅職にステップアップできなければ、昇給はほとんどないと考えてください。私たちはあなたが昇給するよう一生懸命指導しますので、その指導をしっかりと受けて成長してください。私たちはあなたの成長を願っています」

この説明が入社時にあれば、年齢給が問題になることはありません。

そもそも賃金の支給目的は経営者が決めることであり、専門家に指導してもらうものでも、誰かのまねをするものでもありません。年齢給を生活保障給として支給したいと経営者が考えるなら、そうすればいいのです。

「会社には絶対電話しないでください」

次は勤続給です。勤続給はどういう目的で支給しているでしょうか。これも経営者がその目的を自分で決めなければなりません。もし、この勤続給が社員の定着率を高めるために支給するものであるとすれば、昇給は何年間続けたらよいでしょうか。

「いやあ、何年たっても社員が辞めるんだよ」という場合は、60歳までの昇給は必要でしょう。その一方で、「当社は10年たったらほとんどの社員はもう辞めません」ということであれば、この勤続給の昇給は10年間と考えてよいでしょう。自由に設計してよいのです。少し驚かれたかもしれません。

こういう考え方を持つことによって、現在の年功序列型賃金の見直しができるのです。いくらでも賃金表は見直すことができるのです。ただし、どこに問題があるかが特定できなければ見直しはできません。

この賃金制度を見直すときに、多くの社員が反対する可能性があるでしょう。残念ながら日本では、賃金制度を見直すと社員の間ですぐ話題になります。1章で述べた通り、社員は賃金制度の見直しと聞いた瞬間に、条件反射的に「反対」と口から出ます。それは誰かの賃金を下げようとしているものと推測されるからです。

私は人事制度のグループコンサルティング「成長塾」において、たびたび経営者からこのようにお願いされることがあります。

「この成長塾に関する連絡は、必ず私個人の携帯電話へお願いします。会社には絶対に電話してこないでください」

備考欄に「人事制度という言葉が書かれたものは、社員の目に触れないように送ってください」と書かれたファクスが送られてくることもあります。

これが何を意味しているかお分かりでしょうか。人事制度を再構築しようとしていることを、社員には絶対に知らせないでくれということです。その経営者に理由を聞くと口をそろえて、「過去に人事制度で失敗してしまって……賃金カットをしたら大炎上してしまい、ようやく鎮火できたところなのです」と悲しそうな顔をします。

人事制度を見直すと発表したら、「社長、これからは真面目に働きますから、それだけはやめてください」と社員に嘆願された経営者までいるほどです。

人事制度の見直しには大前提があります。

「何も足さない、何も引かない」

賃金制度の見直しによって、社員の賃金をカットするのは本末転倒なのです。

今までその賃金制度を導入してきたのは、社員ではありません。その問題のツケを社員に回すことが、どれほど社員の将来に対する不安を招くか想像する必要があります。社員には、きちんと新しい賃金制度に移るための理由を説明し、企業は社員と一緒に成長していくことに取り組まなければなりません。そして賃金制度だけの問題だけではなく、必ず社員の成長を支える教育制度も合わせて見直しが必要になってきます。

人事制度を正しく分解すれば、成長支援制度（評価制度）、ステップアップ制度（昇進昇格制度）、賃金制度、教育制度の４つの仕組みがあります。すべて一緒に見直しをしなければならないのです。一部の仕組みだけを見直す部分最適ではダメなのです。全体最適を考えることです。

職能資格制度の問題解決法

日本企業の特徴として、現場で優秀になった社員は次の成長段階、つまり上司として部下指導をする階層へとステップアップさせることはご説明しました。日本ではステップアップは卒業方式です。では、その人が優秀であることは何で判断するのでしょうか。

一つは成果の大きさでしょう。次は重要業務の遂行度でしょう。そして知識・技術の習得度でしょう。さらには勤務態度の順守度でしょう。社員を褒めるときには、この４つの要素を褒めることが多いのです。つまり、成長シートがあればいいのです。

成長シートをもとに成長点数が算出できれば、その点数によって等級を決めることができます。曖昧な職能基準ではなく、正しい等級分けができるのです。

まだ説明していませんでしたが、実は成長シートは職種ごと、そして成長の大きなステ

人事制度は4つの制度で構成される

◉人事制度の体系図

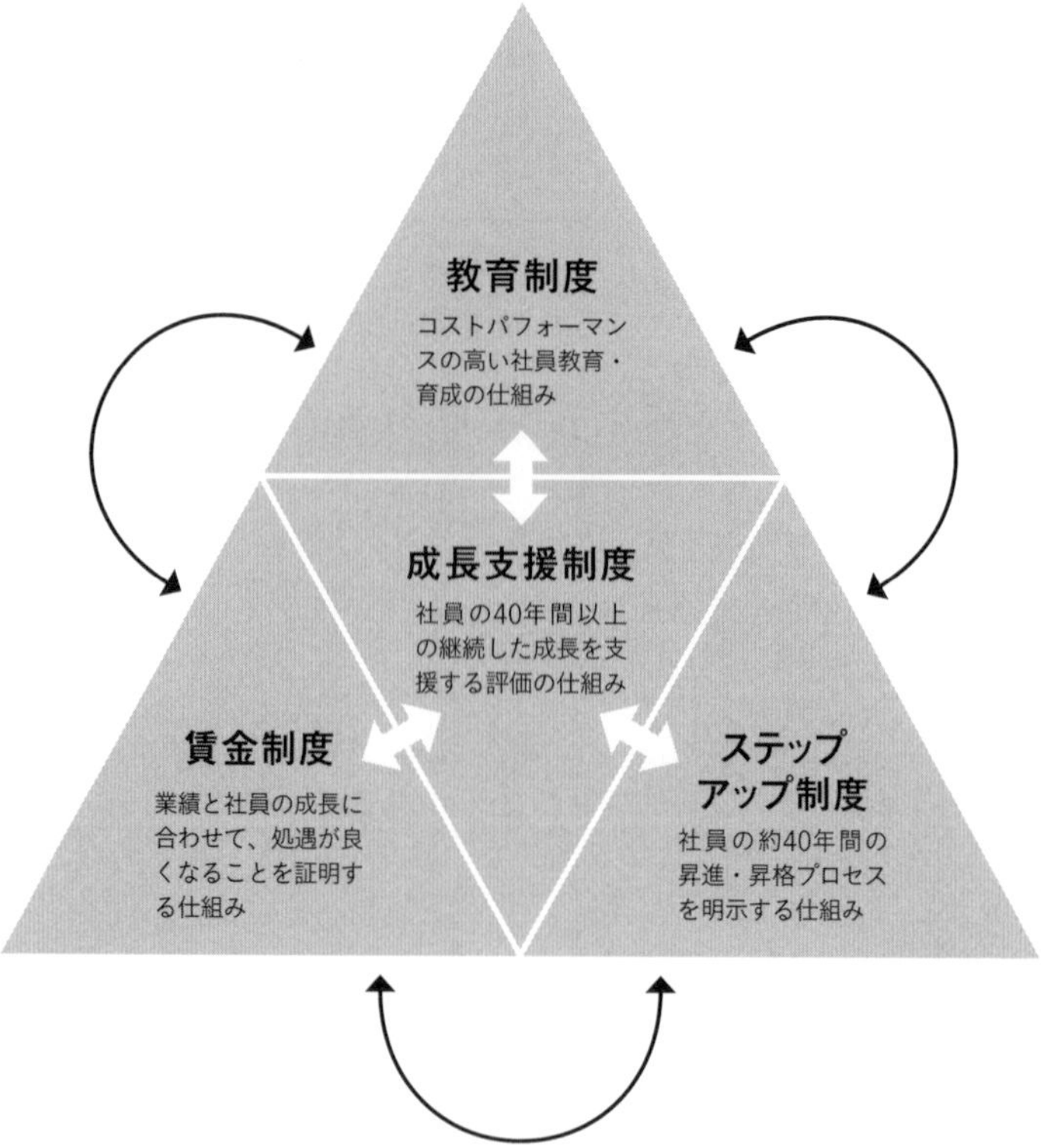
教育制度
コストパフォーマンスの高い社員教育・育成の仕組み
成長支援制度
社員の40年間以上の継続した成長を支援する評価の仕組み
賃金制度
業績と社員の成長に合わせて、処遇が良くなることを証明する仕組み
ステップアップ制度
社員の約40年間の昇進・昇格プロセスを明示する仕組み

ップごとに作成します。成長の大きなステップを「成長階層」と呼んでいます。多くの企業はこの成長階層が３つあります。

プレーヤーとして一人前になるまでの「一般職層」。その一般職層を卒業して、さらに難易度の高い仕事に取り組みながら、部下を一人前に育てていく「中堅職層」。

さらにそこを卒業して、中堅職層の社員を育てるとともに、経営者と一緒に会社を成長発展させていく「管理職層」。

そしてそれぞれの階層を３つに分け、ステップを細かくします。これが成長等級です。1〜3等級が一般職層、4〜6等級が中堅職層、7〜9等級が管理職層です。時々、それぞれの階層を２つの等級に分ける経営者もいますが、大抵はうまくいきません。これは私の40年間の経験則です。

ある職種の一般職層の成長シートがあったとしましょう。１等級から２等級に昇格するときの成長の点数、２等級から３等級に昇格するときの成長の点数、３等級から４等級に昇格するときの成長の点数を決めれば社員の昇格を行えます。

例えば、１等級から２等級に昇格するときには40点、２等級から３等級に昇格するときには60点、３等級から４等級（つまり一般職層の卒業ですね）に昇格するときには80点と決めれば、悩まずに昇格を決めることができます。

社員の成長は一歩一歩です。この成長点数が、その会社にとって納得できる点数だとすれば、80点の社員は名実ともに優秀な社員と言えるでしょう。

これが2等級ずつだと、一般職層が1～2等級だということになります。もし、一般職層を卒業するのに必要な点数が80点で同じだとすれば、3つあった階段が2つに減るわけですので、成長等級を1段上るのに必要な点数が高くなります。1等級から2等級にステップアップするための点数はおそらく50点や60点になるでしょう。3等級ずつに分かれていた際の40点よりも、ぐっと高い点数になります。

1段ごとの階段が高くなると、社員がその階段を上るための時間が長くなり、成長確認が遅くなる結果、成長しづらくなります。これが私が成長階層を3等級ずつに分けることをおすすめしている理由です。

知識・技術が身についているか。実際に重要業務ができるかどうか。それに見合うだけの高い成果を上げているかどうか。そして、勤務態度を守れているかどうか。成長シートがあれば、これらをしっかり確認できますので、会社も本人も自信を持って、一般職層から中堅職層に昇格することが可能になるのです。

また、成長等級が高まれば高まるほど、昇給金額は高められているでしょう。会社によってその金額はさまざまです。企業規模によっても違いますし、業界によっても違うでしょう。地域によっても違います。でも、最も違うのは「経営者の違い」です。

一般職層、中堅職層、管理職層それぞれに、どのくらいの賃金を払いたいのか、経営者の考え方を仕組みに落とし込むことが一番のポイントです。

職能資格基準書は頻繁に見直す

このように成長シートについて説明すると、職能資格制度と何が違うのか、その違いが分からなくなる人もいるかもしれません。

まず異なるのは、昇格のための特別な基準を持つ必要がないということです。必要な昇格の基準は「成長シートの成長点数で何点取れたら、次の等級に昇格するか」。これだけです。しかも点数ですから、曖昧なことはありません。とても明確です。

もう一つの違いは、成長シートは、社員の業務全般を書き出してつくるのではなく、その職種にいる社員の中から、階層ごとに優秀な社員の期待成果、重要業務、知識・技術、勤務態度を可視化してつくることです。このため、つくり直しが容易です。環境が変わって優秀な社員の内容が変われば、柔軟につくり替えることができます。

そもそも職能資格制度を導入・運用する際にも、職能資格等級ごとの要件が明確になっている必要がありますが、経営環境に合わせて、組織も、人も、マーケットも変わるものです。さまざまなことが日常的に変わるのは、会社が成長している証拠であり、良いことですが、それに合わせて、等級の基準書の中身も変えなくてはなりません。長くても5年、場合によっては毎年変更しなければ内容が実態に合いません。

それなのに不思議なことが起きています。この職能資格基準書を見直す会社が、ほとんどないことです。見直しをしないということは、基準書が古くなってしまったことを意味します。

あなたの会社の職能資格制度が導入から数年たっていたとしたら、今でも有効と言えますか。有効だと本心から思っている人は、社内に一人もいないでしょう。ある会社では10年前に導入したのに「一度も見直していない」と聞き、私はびっくりしました。

実は、この事実を多くの企業の経営者・幹部は認めようとしません。なぜなら、自分たちは、その基準によって昇進・昇格してきた事実があるからです。その内容を否定すること自体が、自分の立場を否定することにならないかという心配を常に持っています。

でも、今だけの問題ではないのです。企業が世の中に持続的に貢献していくためには、その時々の環境で社員が成長する人事制度に見直していかなければならないのです。

人事制度の目的は社員の成長です。社員に自分の成長を自分で確認して、一歩一歩、成長の最終ゴールである管理職層まで進んでもらう。成長のステップアップを確認できることが、さらなる成長への勇気や、やる気を生み出すことになります。そのためには、常に職能資格基準書をアップデートしなくてはいけません。成長シートなら等級分けという職能資格制度の本来の考え方を踏まえつつ、つくり直しがスムーズにできます。

成果主義の問題解決法

優秀な社員をモデルにしてつくる成長シートには、結果としての「成果」と、成果を上げるためのプロセスとして「重要業務」「知識・技術」「勤務態度」の３つが成長要素というかたちで掲げられています。

経営者には、社員を褒めるときに、４つの構成要素のどこに重きを置くかを決めてもらっています。今まで、「当社は成果主義です」という経営者が「成長塾」に随分来られましたが、その成果主義は、経営者によって考え方が全く違います。

3章で説明した通り、成長要素に割り振るウエートの合計は20です。ウエートはその名の通り、どこに重きを置くかを示したものです。

しばしば経営者は、毎日のように重要な話をしています。朝礼でも、「今日は重要な話をします」と言って話をしているでしょう。毎日毎日重要な話をしています。しかし、これが社員の優先順位を混乱させる発言の一つであることは間違いありません。

では、この4つの区分の中でどこに重きを置きますか、と経営者に尋ねると、成果に対するウエートの100％、つまりウエート20をすべて期待成果にかけた経営者（言い換えれば、重要業務、知識・技術、勤務態度を評価の対象にしない経営者）は一人もいませんでした。最高でも50％（ウエート10）を期待成果にかけた人がいたくらいです。

では、期待成果と重要業務と知識・技術と勤務態度がある中で、期待成果に50％のウエートをかけた経営者は、成果主義と言えるでしょうか。成果主義と言った瞬間に、成果だけで社員を評価すると聞こえないでしょうか。

成果主義という言葉は曖昧です。ウエートを社員に示すことによって「全体評価の中で期待成果にどのぐらいの重きを置いているか」が簡単に分かります。成果主義という言葉で説明しようとすると、なかなか議論がかみ合いません。「当社は成果に対するウエートが50％だ」と言えば、50％の重きを置いている会社だと分かります。「当社は成果に対するウエートは30％だ」と言えば、30％の重きを置いている会社だと分かります。残りはプロセスで評価することを経営者は宣言したことになります。

これまで１３０１社の成長シートを可視化した中で、期待成果のウエートを一般職層では10％にした経営者が８割以上います。「どうして期待成果のウエートが低いのですか」という質問に対して、経営者は次のように答えます。

「何をしてもいいから成果を上げてほしいとは考えていません。知識や技術を身につけ、仕事ができるようになった上で、成果を上げられる社員に育ってほしい。それに、成果が低いのは上司、ひいては組織の問題です。にもかかわらず成果の高さだけで処遇を決めるということは、一人前になっていない社員だけに責任を取らせるようなものです。経営者としてそれはありえないことです。そして何より、どれだけ高い成果を上げられても、きちんとした勤務態度を守れない社員を一人前になったとは言えません。だから一般職層の社員の期待成果のウエートは低くていいと考えています」

また、優秀な社員を中堅職層に上げ、部下に対して最初に指導してもらうのは勤務態度です。「明るく挨拶をしなさい」「遅刻しないように来なさい」「責任を持って仕事をしなさい」「積極的に仕事をしなさい」「協調性を持ちなさい」と指導をする上司が、勤務態度が悪いまま中堅職層にステップアップしたら、とても組織風土を守ることはできません。

「一般職層の優秀な社員には勤務態度をしっかり守ってもらいたいから、勤務態度のウエートを高くしています」と発言する経営者も多くいますが、そういう理由からです。

目標管理制度の問題解決法

目標管理制度の難しさは、社員が達成可能な低い目標を設けるために、有名無実化しがちなことです。社員が自ら高い目標を設定するには、やはり成長シートの出番です。

成長シートには、その会社の社員を「あなたは優秀だね」と褒める期待成果が掲げられています。そして、その高い成果を上げるための重要業務が掲載されており、そして重要業務をするための知識・技術が掲載されています。そしてどのような考え方、態度で仕事したらよいかという勤務態度が掲載されています。

新卒で入ってきた社員は最初、成長シートの成長点数は20点です（４項目がそれぞれ５点満点でスタートが１点のため。１３１ページ参照）。

最初にこの新卒社員に聞いてもらいたいことがあります。「あなたは優秀になりたいですか」。ばかな質問だと笑わないでください。確実にこの社員は「優秀になりたい」と返すでしょう。ここが大事なのです。

さあ、優秀になりたいと思ったこの社員は、何点を目標にするでしょうか。とても高い目標を設定すると思います。新卒社員の中には、この一般職層を卒業するときの優秀な社員の成長点数が80点だとしたら、80点を目標にする社員もいるでしょう。

上司はそれを見て、驚きを隠せません。「君、１年で80点取るのは無理だ」。逆に、その目標が高すぎると指摘してしまいました。

しかし、その社員はこう答えるのです。「高い目標はダメですか？」。悪いわけがありません。いいと思います。その高い目標に挑戦させればいいのです。

もっとも、通常80点取るために10年かかるとすれば、１年で80点取れる可能性はほとんどないでしょう。でも、高い目標を掲げた社員の顔を見てほしいのです。笑顔で「挑戦しよう」という意欲に満ち溢れているでしょう。

80点がゴールなら、「80点−（スタートの）20点＝60点」。60点分の成長をすることでゴールにたどり着けます。80点を取るのに10年かかるとすれば、その会社では「60点÷10年＝6点」。1年で6点成長すれば優秀です。そんな中、この社員が仮に20点も30点も成長したら、それはすごいことだと私は思います。

一般的に成長点数が40点（スタート時の20点＋成長の20点）の社員を褒めたことは、あまりないと思います。まだ未熟な社員と映るからです。

でも、20点成長して40点になった社員に「20点成長して素晴らしい」と声をかけることは問題でしょうか。その社員がうれしそうな顔で、「ありがとうございます。次年度もまた高い目標を掲げて挑戦していきたいと思います」と発言すれば、この成長シートは間違いなく正しい方向で機能していると言えるでしょう。

では、昇給・賞与はどうなのでしょうか。

40点の社員には、40点の昇給・賞与を支給することになるでしょう。80点の社員の昇給・賞与と、40点の社員の昇給・賞与を比べる必要があるでしょうか。世の中の多くの経営者は、決してそういう決め方をしているわけではありません。差をつけているのではなく、実際に成長が40点だから40点に合わせて昇給をしたのであり、一切下げてはいないのです。

逆に言うと、20点の社員よりも40点になった分だけ昇給・賞与が増えることになります。経営者はそうして処遇を決めているのです。40点は40点の昇給・賞与、60点は60点の昇給・賞与、80点は80点の昇給・賞与という決め方をしたのです。

成長シートをつくり、そして「昇給予定表」や「成長賞与ポイント表®」をつくれば、それを前もって社員に説明することができるのです。

ただ、昇給の場合も賞与の場合も、社員には正しく説明しなければなりません。それは、昇給・賞与を決める一番大事な要素が、社員の成長点数ではないということです。

昇給・賞与の最も重要な要素は業績です。会社の業績が良いときには昇給・賞与が増える傾向にあります。業績が悪いときには成長点数がどんなに高くても、仮に80点という高い点数だったとしても、前年よりも昇給・賞与が下がることはありえるのです。このこともしっかりと賃金制度の中で発表しなければなりません。

これによって、昇給・賞与に対する不平不満を解決することができます。そして目標管理制度を社員の成長に大きく貢献する制度、会社の業績向上に大きく貢献する制度に生まれ変わらせることができます。

歩合給の問題解決法はあるか

歩合給の問題の解決方法は、ズバリ歩合給を撤廃することです。

モデル賃金をつくれば分かりますが、社員は一般職層（プレーヤー）・中堅職層（プレーイングマネジャー）・管理職層（マネジャー）と成長していけば、間違いなく賃金は増えます。これは企業の規模に関係ありません。つまり、社員の成長に応じて、賃金をたくさん出そうと考えていることを可視化しただけです。

しかし、一般職層から中堅職層にステップアップするのは、お金をたくさんもらうためではありません。一人で成果を上げたら一人前、もし5人の部下を指導して成長させたら5人分、もしそのまま管理職層に進んで5人の中堅職を育てたら25人分の組織貢献で、世の中に対する大きな貢献ができるのです。

素晴らしいことです。一度しかない人生です。一生プレーヤーであれば一人で40年かけて3人分ぐらいの成果になる可能性はあるかもしれません。しかし、到底25倍の成果を上げられるようにはならないでしょう。大きな組織貢献をすることにはならないでしょう。管理職は素晴らしい活躍ができ、そしてその活躍の後に賃金がついてくるのです。

賃金はニンジンではありません。そして人は、ニンジンが欲しいから成長するのではありません。成長シートを見せつつ、しっかり成長していったら、賃金は増えると説明しましょう。賃金制度はモチベーションを上げるための道具ではないのです。社員がこの会社で成長していったら、どのように賃金が増えるかを説明するための仕組みであり、それはモチベーションではなく、安心を提供する制度です。

歩合給不要の賃金支給が整えば、安定的な成長を計画できます。100年企業を標榜する会社は多いですが、100年存続させようとしている会社がなぜ、小手先の賃金制度で、その場しのぎをしようとするのでしょうか。40年間、50年間、60年間成長するためには、そのための賃金制度をつくっていく必要があります。

社員の成長を心から願う会社は、それだけ会社も成長していくことになるでしょう。なぜなら、この会社の社員は自分が大切にされているという想いがあるため、きっとお客様にも良くなってもらいたいという想いで顧客満足度を高める活動をしているはずだからです。社員も良い、会社も良い、そしてお客様も良い。そんな三方よしの経営ができたら、この会社は世の中から常に存続発展を期待される会社となるでしょう。

ただし、歩合給をすでに取り入れている企業は「明日から撤廃します」と簡単には宣言できません。撤廃によって大きく年収が下がる社員が出る可能性があるからです。最低2年間は移行期間が必要ですので、注意しましょう。

成果の高い社員は何をしているか

このように社員の成長にフォーカスすれば、既存の人事制度もパワーアップします。しかも、それぞれのマネジメントスタイルや風土をそのまま生かすかたちで仕組みをつくることができます。本質的な目的を明確にしないから、人事制度が上滑りするのです。

私たちは社員に「成果を上げてもらいたい」と思っています。そうであれば、業績会議のような場で成果の上がっていない社員を叱ることはナンセンスです。それは、上司の指導が有効に働いていないことを示すだけだからです。

今までの成長支援制度の指導の中で分かっていることがあります。

それは、成果が高い社員がいるにもかかわらず、その高い成果を上げている社員が一体何をしているか、つまりどのような重要業務をしているかを即答できた経営者は一人もい

会社の業績と個人の評価(S〜D)で昇給を決める

◉昇給予定表の事例

パターン	1	2	3	4	5
業績	経営目標を110%以上達成したとき	経営目標を105%以上達成したとき	経営目標を100%以上達成したとき	経営目標を95%以上達成したとき	経営目標95%未満のとき
S	7	6	5	3	2
A	6	5	4	2	1
B	5	4	3	1	0
C	4	3	2	0	0
D	3	2	1	0	0

成長点数の総数（成長シートにある期待成果、重要業務、知識・技術、勤務態度の合計点数）が、総合評価（S〜D）になる。これと会社の業績を掛け合わせて、昇給が決まる。表内の数字は昇給号俸数

成長シートを使えば、賞与も簡単に決められる

◉成長賞与ポイント表®の事例

	S	A	B	C	D
1等級	180	170	160	150	140
2等級	190	180	170	160	150
3等級	200	190	180	170	160
4等級	320	290	260	230	200
5等級	350	320	290	260	230
6等級	380	350	320	290	260
7等級	580	530	480	430	380
8等級	630	580	530	480	430
9等級	680	630	580	530	480

成長点数の総数が個人評価（S～D）となり、これをもとに等級ごとに「成長賞与ポイント」が決まる。賞与原資を社員全員のポイント数で割ると、1ポイントの単価が出る。この1ポイント単価と成長賞与ポイント表を掛け合わせて、個人の「成長賞与額」を算出する

ないことです。不思議です。経営者も幹部も、社員に対して「○○をしなさい」と常に言い続けているはずなのに、実は本当にすべきことが分からないのです。

では、何を指導してきたのでしょうか。それが分からず大いに悩む経営者は後を絶ちません。でも確かなことが一つあります。組織原則「2：6：2」はどの会社にもあり、優秀な社員が2割いることは紛れもない事実です。そしてその2割の社員は、実はその会社で育て上げたことも間違いない事実なのです。

2割しかいないと落ち込む必要はありません。これまで説明してきたように、優秀な社員がなぜ優秀なのかを、可視化すればよいのです。

成長シートを発表したときに、悲しい顔をされたら、成長シートの目的を社員に正しく伝えられていない証拠です。社員の成長のためにつくったのです。そして、高い成果を上げる社員に育ったら、その成長に合わせて高い昇給・賞与を実現します。

私たちに必要なのは、低い成果の社員を叱ることではなく、高い成果を上げている社員を可視化して、それをもとに全社員を指導し、全社員を優秀にすることです。この新型コロナ禍の激動の環境の中でも、組織原則「2：6：2」があることを知ってください。「やるべきこと」が明確化されているだけにとどまらず、次に何をすればさらに成長できるのかまで網羅した「社員成長機能」搭載の日本型ジョブディスクリプションが、成長シートであると私は考えています。

第5章

不毛な人事制度論争との決別

新型コロナ禍により、業績の面でも組織体制の面でも企業は大きな影響を受けています。今こそ、社員の評価と賃金が一致しない現実や、環境変化に適応して社員が成長していかない問題を、根本的に解決するときが来たと考えてよいでしょう。

日本では戦後、「賃金を決めるため」に人事の仕組み、つまり人事制度をつくり、運用してきました。根本的な問題を解決せず、そのときの経営環境に合わせて対症療法的な見直しをしてきました。そのつじつま合わせがもうできなくなったのです。

人事制度の目的は「社員の成長」「社員の採用・定着」であるはずです。その仕組みは、コンサルタントから教わるものではなく、経営者が自ら考えてつくるものです。どのように社員を成長させたいか、どんな社員と一緒に働きたいかは、経営者の考えによって決まる。賃金を決めることが目的だった頃とは、人事制度の意味が全く異なるのです。

これまで述べてきたように、私はジョブ型雇用の反対論者ではありません。ジョブ型雇用の要点の一つ、ジョブディスクリプションを日本企業に合うようにチューニングすれば、人事制度に大きな前進をもたらします。日本型職務記述書とも言える「成長シート」を1301社の企業に導入し、成果を上げてきたことが、それを証明しています。

社員の成長のためにジョブ型雇用を導入するのであれば、私は応援します。ぜひ、社員の期待成果の数字がどのように変化するかをチェックし、その効果を検証してください。

また、さまざまな企業がジョブ型を導入するなら、どの企業の社員がより成長したのかを調べることもできるでしょう。

ジョブ型に安易に飛びつかない

ただし、本質的な目的を考えることなく、ジョブ型に飛びつくことには反対です。人事部が主導してジョブ型雇用を採用するのであれば、まずどうしてこのジョブ型雇用が必要なのか。その目的を明らかにし、そして成否をどんな数字で判断するのかを明らかにしてください。目的を明確にすれば、社員は安心して受け入れることができるでしょう。

そしてジョブ型雇用を導入するならば、目的に加えて、職務記述書の内容をどのように賃金と結びつけるかを明確にしなければ機能不全に陥ります。

例えば、職務経歴書に「人事制度の構築ができます」と書いてある応募者と「以前の職場で人事制度を変えて労働分配率を改善し、67％から37％に改善することができました」と書いてある応募者では、どちらの応募者を採用するでしょうか。ちなみに、この67％から37％に改善したという数字は、私の前勤務先である魚屋での実績です。

私が主宰する「成長塾」でその昔話をすると「もし、我が社の労働分配率を67％から37％に改善できる応募者がいたら1000万円払っても惜しくない」と言った経営者が過去に何人もいました。では、そのような人をどうすれば見極められるか分かっていますか。そして、その応募者と自社の社員を比較して、賃金1000万円の妥当性を説明できますか。

中途採用のとき、多くの経営者、人事担当者は応募者の職務経歴書を見ます。「この勤務経験があれば大丈夫だろう」と判断することがほとんどだと思いますが、それでは実際に仕事ができるのか、できないのかは判然としません。職務経験ではなく、実現した成果の内容で判断すべきです。

会社ごとに日本型職務記述書、つまり成長シートは異なるので、「この業界はこの成長シート」と示すことはできませんが、一つの事例として「その成果を上げるために、どんな重要業務があるか」を例示することはできます。

職種ごとに10種類、期待成果と重要業務の因果関係を示した成長マップ図（左ページ）を皆さんにお見せします。「優秀な社員が、なぜ優秀か」を社員に説明するためには、こ

どんな職種でも成長シートは作成できる

◉職種別の「期待成果」「重要業務」の一例

の重要業務の提示が不可欠です。自社で作成するときの参考にしてください。

少子高齢化といかに向き合うか

日本は少子高齢化が進み、黙っていれば客数がどんどん減っていく時代になりました。つまり、何もしなければ売り上げは減っていくということです。

そのような中、大手企業から「終身雇用を守っていくことは難しい」という発言が出るようになりました。黙っていたら業績が下がる時代において、年齢が高く、賃金が高い社員の雇用を維持することが難しいと考えられたためでしょう。

なぜ年齢が高い社員の賃金が高いかというと、すでに記したように、これまでのメンバーシップ型雇用では、年功序列型賃金（実際には「年齢・勤続年数定年まで加算型賃金」ですが）によって、年齢が上がるごとに賃金が自動的に増える方式が主流だったためです。そうして増えた賃金が、気がついたら社員の現時点での評価以上の金額になっているのです。それでも、今までは定年60歳のときに賃金をカットすることができました。60歳で年金が出たからです。

年金が出る社員は、賃金カットを不服として訴えることはありませんでした。ところが、国民の長寿化による年金財源のひっ迫から60歳では年金が支給されなくなりました。その上、働き方改革関連法が施行され、２０２１年４月からは中小企業も同一労働同一賃金が適用され、年齢を理由にした賃金カットは基本的にはできなくなりました。

そこで、多くの企業が「終身雇用はできない」と宣言を始めているのです。この問題を解決しなければ、企業の存続発展に影響が出るのは明らかです。

そのためには、評価と賃金を常に一致させる人事制度が必須です。今までの年齢給や勤続給の支給の仕方を改善するのです。そして成長シートを使えば、評価と賃金が一致するようになる。ならば、終身雇用をすることに何か不都合があるでしょうか。

役職定年もなく、60歳を過ぎて一般職層に下ろされることもなく、先輩社員がいつまでも笑顔で成長を続けている。そんな会社であれば、若手社員にとっても魅力的です。少子高齢化時代は、いかに若い人が辞めないようにするかを考えなければ、いつか必ず、人が採用できなくなり、大変な苦労をすることになります。

副業と成長シート

日本政府は労働時間の短縮を掲げる一方で、副業も推奨しています。本人のスキルアップや所得の増加、優秀な人材が一つの企業に限定されず活躍できることなど、さまざまなメリットが理由として挙げられています。

自分のキャリアを自分で積極的に形成することも、そうです。中でも、65歳で退職した後の社員を考えて副業を推進しているのだろうと私は見ています。

一般に経営者が65歳以上の社員を雇用するときに求めるものは、一般職層の社員に現場仕事を教えることです。しかしそれは容易ではありません。この日本は、欧米のようにプレーヤーの仕事ができなくても、マネジメントができれば採用する国ではないからです。

つまり、その会社に65歳を過ぎて転職したとしても、現場の社員がしている仕事が分からなければ、残念なことにマネジメントの力を発揮できないことになります。そのため、副業で現場経験を積んでおき、65歳以降の自分が活躍する場所を見つけ出してほしいという考えが、副業の是認に込められていると感じます。

ただし、副業をたくさんしたからといって、65歳以降の雇用に有利になるとはあまり思えません。たくさんの仕事を経験することが視野を広げ、見聞を広げることになるのはもちろんです。しかし、政府が副業を推奨してもなお、本業に専念してほしいとそれを禁止する企業が多いように、副業の数が増えるほど、そこにかける時間も積める経験も散漫になるだけです。

現場の社員に仕事を教えるとは、どのような成果を、どのようなことを行って、どのような知識・技術を身につけて、どのような勤務態度で上げていくのかを指導していくことです。それはまさに日本型ジョブディスクリプション、成長シートの考え方です。

本業、副業にかかわらず、成長シートをつくるつもりで仕事を体系的に整理し、高い成果の出るやり方を可視化することができれば、どんな職種でもマネジメントをすることができるのです。

また、それによって、「これに取り組むことで思った通りに成果が上がったな」「考えていたようには成果が上がらなかったな」と自分自身の仕事の評価や改善をすることができます。そのことによって適性も判断できます。一生懸命やっても成果を上げることができないとすれば、あまり適性がないと言えるでしょう。楽しみながら仕事をしたとしても、高い成果を上げることができるとすれば、適性があると言えるでしょう。

副業の経験によって、自分の65歳以降の活躍の場はここだというところが見つかったら、「私は○○の成果を上げることができます。そのために△△の重要業務ができます。そのために◇◇の知識・技術を身につけています。そしてこんな勤務態度で仕事をすることができます」と、自分でつくった成長シートを見せて分かりやすくアピールするのです。

そしてこう付け加えます。

「もしも御社の現場にさらに高い成果の出るやり方があれば、それを見つけ出して指導することも可能です」

引く手あまたとなることは間違いありません。

しかしそのような社員であれば、65歳以降も会社に残って現場社員の指導をしてほしいと、本業の会社から引き留められることになることでしょう。

65歳以降の自分が活躍する場所を探すときの売りになるのであれば、自分で成長シートをつくらない手はありません。副業を勧めている企業は、退職する社員が次の企業で活躍できるよう、成長シートのつくり方を指導すべきでしょう。

テクノロジー人材専用の成長シート

企業の生産性を向上させるためには、さまざまなテクノロジーが必要になってきます。特に世界の中で戦っている企業にとって、テクノロジーに詳しい専門人材を採用することは、企業の存続発展にとって重要なことです。ところが今までの日本では、その人材を採用するための賃金制度がないことが大問題でした。そのために、ジョブ型雇用の必要性が叫ばれたというのは、1章で書いた通りです。

大きな成果を上げられるテクノロジー人材は、どんなに高い報酬を出しても欲しいというのが、経営者の正直な想いでしょう。ところが一方では、既存の社員に対してその高額の賃金を支給する説明ができないために、頭を抱えてしまう。

前述のように病院では、職種ごとに賃金表が違います。ドクターの賃金表、看護師の賃金表、レントゲン技師の賃金表、金額そのものが違います。この賃金表をオープンにするかどうかは別問題にして、この賃金額の違いに異を唱える人はまずいません。

つまり特別な仕事をする社員がいるのであれば、その社員のための賃金表、私は成長給表という名前をつけましたが、この成長給表を使うことによって、その職種の社員を採用することは決して難しいことではありません。それだけの成果を上げられる社員であることを可視化するための、成長シートと成長給表を作成すればよいのです。

テクノロジー人材のような専門人材の成長シートが明確になっているなら、他の社員もチャンスがあれば、そこに挑戦すればよいのです。それだけの成果を上げるための学びをしていけばよいのです。

自分にはそれができなくても、できる社員の賃金が高いと批判することはありません。この会社にはさまざまな成長の方向性があると納得しているからです。

賃金制度の基本は、その仕組みをオープンにすることです。そして、納得できない社員に質問させることです。どのように決めているのかをオープンにしなければ、不平不満がたまっていくことになります。組織に不平不満がたまったままでは、専門人材を高い賃金で採用しても、うまくいくことはないでしょう。

ここは欧米ではありません。日本なのです。

例えば『NO RULES 世界一「自由」な会社、NETFLIX』(リード・ヘイスティングス、エリン・メイヤー著、日経BP/日本経済新聞出版)という本には、優秀な1人の人材を採用するために、10人の社員を辞めさせるという話があります。私は驚いてしまいましたが、日本の経営者ならみんな驚くでしょう。

私たちは、すべての社員が一緒になって成長して、高い賃金を獲得するという方向性で制度の見直しをしたほうがよいでしょう。なぜなら、成果の低い社員、ダメと思える社員から辞めさせられるとなったら、社員は「自分よりダメな社員がいてくれたほうがいい」と考えます。それでは社内に協力し合ったり、教え合ったりする風土は生まれません。特別なスキルを持つ人材を採用して業績を伸ばしたいのであれば、手間を惜しまず、その人材のための成長給表を作成するようにしましょう。

働き方改革は生産性改革

「働き方改革にどのように取り組んだらいいか分からない」――。経営者と話をすると、そんな嘆きの声をよく聞きます。残業削減や休日増加が遅々として進まない原因も、実は人事制度にあります。その理由を説明しましょう。

働き方改革を強引に進めると、売り上げや利益が下がります。日本経済新聞社の調査では、残業時間を減らした企業の50％が、減った残業代を社員に還元していないそうです（主要大企業対象、２０１９年12月30日付「日経電子版」）。

「残業は減ったが賃金も減った」というのでは、働き方改革は間違いなく行き詰まります。

従業員の協力が得られないからです。働き方改革の実現には、生産性の向上が不可欠です。生産性とは「労働時間1時間当たりの付加価値」で表すことができ、この生産性を高めなければ、労働時間を減らした分だけ業績は落ち込みます。

そうした認識は経営者の皆さんなら持っているはずです。ならば、生産性の高い社員を評価しなければつじつまが合いませんが、多くの場合、そうした人事制度になっていません。

年齢給と勤続給が60歳まで増え続ける会社が大半ですし、職能資格制度が機能不全に陥り、自動的に賃金を押し上げています。生産性の高さだけで賃金を決めろとまでは言いませんが、働き方改革の方向性と無関係の賃金制度になっています。加えて、評価の仕方そのものが古い。売り上げを稼ぐ社員に高い評価を付けているのです。一概には言えませんが、稼ぐ社員の中には深夜まで残業する生産性の低いタイプも結構います。

生産性を高めたいなら、生産性の高い社員を評価する。そして評価に見合った賃金を支給する。その上で、生産性の高い社員の仕事のやり方を組織で共有する。こうした流れをつくれば、働き方改革は一気に進みます。

私が最初に生産性という言葉を聞いたのは、魚屋で働いていた40年以上も前のことです。

「ペガサスクラブ」を主宰していた流通コンサルタントの渥美俊一氏が、小売業や外食業の生産性指標として「人時《にんじ》生産性」（従業員1人が1時間で稼ぐ粗利益）を掲げ、一気に企業に広まったと言われています。

日次で生産性を見る

前勤務先の本部にいた私は毎月、人時生産性を計算し、数値を各店長に伝えていました。数値が高くなった場合は、理由を聞くようにしました。「先々月の人時生産性は3000円でしたが、先月は3500円に上がりました。どんな工夫をしたんですか」。

しかし、店長たちは「そりゃあ頑張ったからだよ」としか答えません。「どう頑張ったのですか」と食い下がると、「死ぬ気で頑張ったんだ」と（笑）。

どの店長もそんな反応ばかりでした。月単位の共有化では遅い。やったことを忘れてしまう。何をしたからその数値になったのか、忘れてしまうのです。

そこで私は月次ではなく、日次で人時生産性を出すようにしました。毎日、店長に示して「昨日はどうして人時生産性が500円も増えたのですか」と聞くと、「実は、パートさんの手待ち時間に別の業務をしてもらったんだ」などと理由がはっきり分かるのです。

　こうして生産性が高い社員や店のやり方を収集し、本部経由で全店長に共有していく取り組みを始めました。これを続けたことで、労働時間は月300時間から月170時間まで激減しました。月間の労働時間が130時間減ったにもかかわらず、人時生産性は2600円から5600円へと大きく増加したので、会社の粗利益は減るどころか、パートも含む従業員1人当たりの粗利益が月78万円から月95万円に増えたのです。

　2600円×300時間＝78万円
　5600円×170時間＝95万円

生産性向上が黒字化への最も確実な近道と感じたのも、この頃でした。

日次でチェックしなければ、生産性の高まった理由は分かりません。「うちは小売店のように毎日売り上げが立つ商売ではないから」と言い訳する人もいますが、どんな業種でも日次の生産性指標の設定は可能です。北海道のある牧場では「時間当たりの搾乳量」で生産性を測っています。

　生産性の高い社員を評価・処遇し、その社員のやり方を可視化し、共有する。その大前提になるのが、成長シートです。

今までは、売り上げを稼ぐ社員が優秀とされることが多かったのです。ですから無茶苦茶、残業しました。休日を削ったこともあったでしょう。しかし、それでも高い成果を上げたことが評価されるのであれば、それに異を唱える社員はいませんでした。

ところが、今の時代は生産性を上げることが重要になりました。働き方改革における残業時間の上限規制もそうですが、長く働くこと、休みを少なくすることよりも短い時間で成果を上げる、いわゆる生産性の高い社員であることが最も優秀な社員であるという考え方に切り替えざるを得なくなってきたのです。これは、日本における戦後初めての「優秀な社員」のパラダイムシフトです。

政府の成長戦略会議でも、社員の1時間当たりの付加価値を高めることを求めています。私たちはこの要請に応えるかたちで、成長シートの「期待成果」を、「成果の大きさ」から「生産性の高さ」に切り替えるときが来たと言えるでしょう。期待成果の中に「生産性」を入れるだけで、社員全体の生産性を上げることが可能になるのです。

短い時間で高い成果を上げる生産性の高い社員は、必ずしも、がむしゃらに働いているわけではないので、どんな仕事の仕方をしているか、周囲からはなかなか分かりにくい。だから生産性の高い社員がノウハウを独り占めせず、みんなに教えたくなるような仕組みを整えなければいけません。そのために成長シートのような仕組みが必要なのです。

生産性が低い社員に対して「頑張れ」と励ましても意味がありません。なぜなら、そのことによって生産性の低い社員が、生産性を上げた試しがないからです。

生産性が上がらないのは、生産性を上げるやり方を知らされていないことに原因があります。そこで、成長シートに生産性の高い社員はこんな重要業務をしている、と明示することで、すべての社員が笑顔でその業務に取り組むでしょう。

テレワークの評価

テレワークは新型コロナ終息後の社会でも定着するでしょう。テレワークはある意味においてはとても生産性の高い仕事の仕方だからです。それは通勤時間がないからです。

特に首都圏に通勤する社員であれば、あの通勤地獄を毎日経験していることでしょう。会社に着いた時点でヘトヘトです。疲れた状態でどれほど生産性の向上ができるでしょうか。だからテレワークは、通勤時間をなくした点ではかつてないほどの生産性向上に寄与すると私は考えています。

その一方で、テレワークによって生産性が下がったとも言われています。テレワークの評価を考える上でまず重要となるのが、この「生産性」という観点です。

さまざまな業種があるため、全社共通で使える「これ！」という都合のいい評価項目があるわけではありませんが、生産性を考える上での計算式の分母は「時間」です。この時間という意識を持ってもらうことが重要です。

テレワークだと区切りをつけられず、だらだらと「ながら仕事」をしてしまうことが悩みだという話をよく聞きます。そこで、テレワークの社員には、より短い時間で成果を上げること、業務にあたることを楽しんでもらいます。

難しい計算式で算出する指標は誰も見ません。そのため生産性を算出する計算式の分子に売上高や粗利益などを持ってこなくても構いません。時間当たりの処理件数でもいい。時間当たりのメール対応件数でもいい。時間当たりで何行のプログラムを書けたかでも、最初はそれでいいのです。何でも構いません。

ただしそこには、より短い時間で成果を上げたことが楽しくなるからくりが必要です。

よく、経理、総務、人事などの間接部門は成果の数字が測りにくいという声を聞きます。そのため営業や製造に比べて間接部門は褒められる機会が少なかったはずです。その分、

「時間当たり粗利益」を成長要素に入れる

◉生産性の成長基準の例

成長要素	成長基準				
	1	2	3	4	5
人時生産性	2,400円／人時未満	2,400円／人時以上	3,100円／人時以上	3,800円／人時以上	4,500円／人時以上

仕事を楽しめていなかったでしょう。

しかし経費処理を早くしたり、採用方法を工夫して少ない時間で人材を獲得できたりすることは、生産性向上そのものです。「時間」という観点から見れば、生産性はあらゆる職種で高められるので、間接部門の社員も仕事が楽しめるようになるのです。

そのためには、生産性は必ず定量的な数字で判断しなければいけません。

社員の1日の伝票の処理数が100枚だとすると、この100枚を処理するために何時間かけたかです。5時間で終わってしまう社員もいるでしょう。8時間かかる社員もいるでしょう。100枚を5時間で割ると、1時間当たり20枚の生産性、100枚を8時間で割ると、1時間当たり12・5枚の生産性となります。

そこには仕事の仕方の違い、またはその仕事をするための知識・技術の習得の違いがあります。それを数字によって判断することができるのです。

生産性の評価項目があれば、仕事が終わったときに社員が「今日は生産性が高かった」か「今日は生産性が低かった」かが判断できます。そして次の日、この指標をもとに工夫改善を考えられます。5時間の社員であれ、8時間の社員であれ、10分でも1分でも時間を短くすることができれば、他でもないその社員自身の喜びとなるのです。

テレワークでもこれと同じことが応用できます。つまり、日々の数字のデータ収集とフィードバックの繰り返しです。「テレワークは成果物で判断するしかない」という意見もよく耳にしますが、そこに「この成果をどれくらいの時間で上げたのか」という評価も入れてみてください。最も短い時間で成果を上げた方法は、ぜひその社員に尋ねて全社員に共有化してください。昨日より少しでも時間を短くした社員、成果を増やした社員はすかさず褒めてください。

これこそがテレワークの生産性を高める方法であり、評価の方法なのです。

通常指標を強引に当てはめない

適当な指標がどうしても思いつかなければ、いっそテレワーク社員に考えてもらう方法もあります。社員のほうから「私はこんな期待成果で褒められたらうれしいです」と提案してもらえばよいのです。

先日、ある経営者が「在宅勤務の営業社員をどう評価すればいいでしょうか」と相談の電話をかけてきました。私が「どのように働けば成果が上がるか、社長は分かりますか」と尋ねると、「全く分かりません」と困った様子です。

私はこう伝えました。

「通常の評価項目を無理に当てはめようとしないでください。みんなで生産性の高いテレワークの働き方を模索しましょう。来年度から、それをもとにしたテレワーク用の評価項目をつくればいいのです」

そう、分からないならいろいろ試せばいいのです。なぜなら、コロナ禍によって急速に広がったテレワークの評価について答えを持っている人間など一人もいないからです。付け焼刃で実態に沿わない指標を掲げ、みんなでその指標を目指すことのほうがリスクです。

1年間は「仮の期待成果」と「仮の重要業務」を成長シートにまとめ、日々のデータ収集とフィードバックによって検証を繰り返し、会社に最も合ったテレワークの評価項目を見つけ出してください。

ただし、このときに注意点があります。あくまでも、それがしっかりと検証され、社員の間で納得性をもって周知される前は、その評価を処遇には反映しないことです。

これまで生産性を評価してこなかった会社の場合は、生産性を評価項目に入れた最初の年は評価を賃金に反映してはいけません。売上高などの成果で評価していた会社が、急に時間当たりの生産性で評価するようになれば、社員は戸惑います。どのように働けばいいのか、最初は分からないのです。

このため1年目は生産性の評価をしても、賃金などの処遇には反映しないようにしましょう。その代わり初年度は、生産性が高い社員のやり方を可視化し、そのやり方を組織で共有するようにします。そうすれば、社員は自分の仕事の改善に取り組むことができます。当然失敗することもあるでしょう。しかし処遇には反映されないので、社員は恐れずに次のチャレンジに取り組むことができます。ここが大きなポイントです。

ただ、試行錯誤しながら取り組んでいれば、生産性が高い働き方を上司が拾い上げ、すべてのテレワークの社員に共有化できます。

たった今、テレワークの社員をどのように評価しようかという話から、すべてのテレワークの社員をどのように成長させようかという話に前進を遂げました。お分かりいただけましたでしょうか。

デイリーマネジメント

生産性の高いやり方がどれなのかを可視化するには、生産性を毎日計測し、その変動はどのように働いた結果なのかをチェックしなければなりません。そのためには、成長シートのような社員の成長をゴールにした成長支援制度が必要です。

現場を知らない経営幹部が会議室で月間の生産性を前月比、部門比でチェックし、「君の部門は生産性が落ちたぞ。頑張れ」と言うだけでは何の意味もありません。何年かけても改善することはないでしょう。

必要なのは生産性向上の具体的な方法を示すことです。

何をしたから生産性が上がったのか。それを正しく知るには日々、生産性を算出し、数字の変化の原因を探るという作業が欠かせません。これによって生産性の高い働き方が抽出できるからです。

つまりこのデイリーマネジメントによって、すべての社員を高速で優秀にすることができます。生産性の低い社員を叱るのは、上司の仕事ではありません。

「優秀な社員のやり方をまねたら、私も生産性が高まりました」

「今日はこんな工夫をしたために生産性が上がったので、皆さんもどうぞそれをやってみてください」

そんな情報が日々、社内でやり取りされていたら、現場は同じ生産性向上という目的に向かっている一体感でいっぱいでしょう。

部下の生産性の違いを日々把握し、生産性の高いやり方を全社員に共有化する。それこそが、生産性を引き上げるための上司の仕事になります。

共有化によって、生産性の低い社員が、生産性の高い社員のやり方を学ぶことができます。学んだ社員はそれによって生産性を高め、教えてくれた社員に感謝するでしょう。この生産性の数字があることによって、社員が互いにそのやり方の共有化を図るのです。

生産性の高いやり方をしている社員は優秀です。しかし、日本ではそれを他の社員に教えることのほうがもっと優秀だと経営者は考えています。

「成果を上げるやり方を持っている以上に、それを他の社員に教えている社員のことを優秀だと考えますか」

私が開催している「成長塾」で経営者にそう尋ねて、「そうです」と答えた経営者は1301人中1301人、つまり100％です。

生産性の高いやり方を教えた社員は最も高い評価をされ、それを共有化することで他の社員も生産性が高まり、そしてそれは経営者の想いとぴったり一致します。デイリーマネジメントの有効性は、同じ場所で仕事をしていないテレワークでも変わりません。仕事のやり方を共有化するようにすれば、もう指導ができないと悩む必要はないでしょう。

人事部の社員は現場を回ろう

欧米型の職務記述書を作成するためには人事部が必要でしょう。職務内容が毎年のように当然変わっていくからです。例えば、新型コロナ禍によって影響を受けた業界は、社員の職務内容がどんどん変わっていくことになります。それを正確、かつ詳細にすべて列挙することはほとんど不可能だと思いますが、やるとすれば、規模の小さな会社であっても、経営者一人でできるものではなく、人事部を設置するしかないでしょう。

成長シートは欧米型の職務記述書と比べると、簡単に作成できます。優秀な社員の現状を書き出せばいいだけだからです。最初はそのつくり方に戸惑うかもしれませんが、もともと、高い成果を上げている社員が何をしているかは、経営者や人事部は把握しているはずです。頭の中にあるものを可視化することは、慣れれば難しい作業ではありません。

人事部が優秀な社員の仕事自体を知らないとしたら、それは問題です。人事部の仕事は、すべての社員を成長させ、そして組織全体の力を高めることです。優秀な社員が何をしているのかを知らなければ、教育方法を講じることもできません。人事部の社員は自分のデスクにへばりついているのではなく、現場へ直行すべきです。

そして、作成した成長シートを見せ、今後はこの成長シートで成長の確認をすることを全社員に理解してもらいます。それと同時に、この成長シートでよいかを問わなければなりません。納得できない社員や、よく分からないという社員がいれば、きちんと説明することが必要です。

皆さんの会社で人事制度を新しくつくり直したとき、社員からわざわざ不平不満を言ってもらうような働きかけはしていますか。不平不満を言ってもらっては困る、これに従ってくれと言っていませんか。見直すことになれば、昇給・賞与の決め方も変わらざるを得ないから、社員をうまく丸め込みたいのでしょうか。

多くの企業では人事制度をつくる過程で、社員の意見を聞いて不満が多いと分かっても、見直しをすることはありません。人事制度の目的が人件費の調整だからです。

しかし、人事制度の目的が社員の定着、成長、採用ならば、社員はお客様も同然です。社員が納得できないことはどんどん言ってもらい、解決すること自体が、実は人事制度の完成度を高めるのです。完成度の高い人事制度のもとでは社員が定着し、成長します。

やがて、その成長シートに対する問題がなくなった段階で、この成長シートの完成度はほぼ100%になるでしょう。この段階になると、ありえないような意見が社員から出てきます。それは「この成長点数でぜひ処遇を決めてもらいたい」です。

成長プロセスを可視化できていない会社では評価点が低いと見下されるかもしれないが、この会社ではそれが可視化されていて、途中の成長を見ていてくれる。40点なら40点、60点なら60点、成長に合わせて昇給や賞与が支給される。決して社員の賃金を下げるために人事制度をつくったのではないと分かると、社員がいきいきとするのです。

日本型職務記述書をつくろう

私たちには、組織は一つの運命共同体という意識があります。仲間という意識がありま す。困っていたら助けたいという気持ちになります。一緒に豊かになりたいという気持ちがあります。経営者がそう思って経営をしているのであれば、おのずとそこで働く社員は同じ気持ちになるでしょう。私はそれが日本企業の特徴だと考えています。

どの業界、規模でもそうですが、組織風土がいい会社、職場の人間関係がいい会社は、総じて業績が良いというのは、今までの私の経験上、確認できたことです。それであれば、そのことを私たちは実際の経営に生かしていく必要があるでしょう。

社員は評価されるように育っていくのです。だから、困っている人を助けている人を評価すればいいのです。今までは、経営者が高い成果を上げている社員を褒めました。でも、そこで終わりではなく、そのやり方を他の社員に教えて、他の社員の成長を支援した社員をもっと褒めるのです。

私はそれが日本の経営だと思います。であればこそ、そういう経営者がいる企業が、今後もずっと継続して伸びていかなければならないと考えています。全員が良くなることでしか、経営は良くなることはありません。右肩上がりの経済が終わったことで、その体制づくりがまさに問われていると言えるでしょう。

日本では何年かに一度、思い出したように人事制度についての議論がなされます。そのときに必ず問題として出てくるのが「評価と賃金が一致していない」ことです。評価と賃金を一致させていれば、人事制度の議論は堂々巡りにはなりません。

戦後75年以上たち、人事制度を本来の目的へ向けて変えていくときが来ました。経営環境が変わる中で、私たちは人事制度をもっと有効に機能するようにしていかなければならない。経営者はこれまで以上に社員の定着や成長を、採用を真剣に考えるときが来たのです。

そしてそのやり方を実行しながら、できればすべての企業経営者がそのやり方をオープンにし、互いに切磋琢磨し、日本経済全体の活性化につなげることができたらと思います。企業経営は実践です。人事制度はその実践を支える制度です。日本全体が一緒に良くなろうとするときが再度来たと私は考えています。

経営上の問題をスピーディーに解決

人事制度の対象は社員です。つまり、社員の定着や成長や採用を考えるのであれば、そのための人事制度の問題点は、通常、社員から投げかけられることになります。

それは社員からのクレームと考えていいでしょう。そのクレームは、この会社に継続して勤めたいという想いがあるからこそ、出るのです。この会社が好きであり、あるいは、経営者のことが好きなのです。だからこそ不平不満が出るのです。

人事制度は常に、不満を受けて見直します。例えば、「働かないオジサン」がいるという問題を解決するときに、その働かないオジサンを呼んで叱責しますか。当然ながらその社員は深く反省した様子を見せ、「これから一生懸命仕事する」と答えるかもしれません。数週間くらいは、頑張りを見せる可能性はあるでしょうが、早晩元に戻ってしまいます。

どんな仕組みをつくったらよいのでしょうか。どんな見直しをしたらよいのでしょうか。その都度考えなければなりません。

つまり、人事制度はつくって終わりではなく、会社が存続発展するに従って常に見直しが必要です。それも自社内でタイムリーに行わなければなりません。

誤解されがちですが、すべての会社に共通して使えるような万能の解決法があるわけではないのです。だから、自社でその問題に合わせて解決法を考える必要があります。

あらゆる仕組みは、小さく生み出し、問題を解決しながら、だんだんと大きく育てることによって、企業成長と共に役立つ仕組みとしてバージョンアップされていくのです。

成長シートについても、スタート段階では60％程度の完成度しかないでしょう。活用しながら見直しを繰り返すことによって、品質はますます高まっていき、社員から不満が出なくなったときに成長シートの完成、つまり100％の品質と判断しています。

これからの激動の社会を企業が生き抜いていくためには、環境変化に適応できるように、社員を成長させることが肝になります。この成長の仕組みづくりがタイムリーにできなければ、過去の人事制度に頼って的外れな評価をし、賃金を決めることになってしまいます。それが企業の競争力を弱めます。

すべての社員は会社から褒めてもらいたい、経営者や上司、同僚から褒めてもらいたい、認めてもらいたいと思っています。しかし、そうした側面は考えずに人事制度がつくられてきた歴史があります。今一度、何のために人事制度があるのかを見つめ直していただけるよう切に願います。

おわりに

人事制度の不毛な議論は終わりにしたいと考えています。

何が良いのか、何が悪いのかと理論を語っても、経営者には意味のないことだからです。ジョブ型雇用をするにしても、どのような目的があり、どんな効果があるのか。具体的な数字を挙げながら検討しなければなりません。

逆にジョブ型雇用をしないとすれば、どんな効果があるか。やはり、具体的な数字で語らなければなりません。

経営者は学者ではありませんので、理論の素晴らしさを一方的に語られても活用することはできない、時間の無駄と言わざるを得ません。

日本の企業は現在、存亡の危機にあります。

少子高齢化という日本の人口構成の変化が、最終的にGDP（国内総生産）の減少につながることは多くの人たちが語っている通りです。現在の日本についてはさまざまな意見があるでしょうが、戦後の焼け跡の大変な状況を考えれば、こんなに豊かな国になっていることは、先の戦争を体験した世代から見たら考えられなかったでしょう。

先達の努力のおかげで経済的に豊かな生活を享受できたことは、まぎれもない事実です。ぜいたくを言ったらきりがないでしょうが、戦後の物不足の時代と比べたら十分豊かな生活をしていると実感できます。この豊かな日本を残したい、先達から受け取った豊かさを、これからの日本に残していきたいと考えるのは、私だけではないと思います。

そして、資源の少ない日本には、「人がいる」と語ってきました。ところが、その日本の国民が輝かなくなってきたことを多くの人が危惧しています。人々が活躍する国であり続けるためには、そのための仕組みが必要です。

人事制度の目的は、社員を正しく評価して、正しく賃金を決めることであるかもしれません。しかし、現実には存在しない絶対的な「正しさ」があたかも存在するがごとく語ることは、不毛な議論と言えるでしょう。

それよりも人事制度は、社員が成長していくことを目的にしてほしいと考えています。これは私が前勤務先を退職して独立した28年前に1人で提唱し始めたことです。

その効果は、明らかに数字で計測できます。そして、成長したことによって成果が高くなり、結果として業績が良くなることもまた、数字で計測できます。会社の業績が良くなれば、それはやがて経営者から社員に昇給・賞与というかたちで支給されていくでしょう。それはGDPの半分以上を占める消費に回っていくことは確かです。

この人事制度ができない限りは、何か新しいことに挑戦したとしても、社員が継続して行うことはありません。ぜひ、人事制度ではなく「成長制度」をつくっていただきたいと思います。それによって「事業は人なり」という言葉がまさしく示すように、日本の企業は人が成長することによって業績が向上し、発展していくという事実を、次の世代に残していきたいと思います。

どうぞ、日本型ジョブディスクリプションを使った成長制度を導入しながら、どう社員が定着し、どのように成長したのかを互いに共有化していただきたいと思います。

素晴らしい日本を残すために。

経営者の皆さんへ

今回の書籍は、人事制度の本当の目的を皆さんにお伝えしたいという想いで執筆しました。経営者である以上、評価や昇給・賞与を決めることは大事な仕事の一つです。仮に人事制度を持っていなくても、評価を決めたり、昇給・賞与を決めたりしなければなりません。経営者になる前には、評価や昇給・賞与の決め方でこれほど悩むことは想像できなかったはずです。常に決定をしながらも、決めた結果に対して悩み、苦しんできています。もし、社員から不平不満の出ない評価の決め方や昇給・賞与の決め方があったら、今すぐ学びたいというのが本音だと思います。ところが残念なことに、すべての企業の社員が同時に評価に納得する、昇給・賞与に納得する単一の人事制度は存在しません。

企業は常に成長発展しています。このため、何を評価したらよいのか、そしてその評価に合わせて昇給・賞与はどう決めたらいいのかということは、常に変わっていきます。専門家の言うことがすべて正しいと思ったり、私の著書も含めて人事制度関連の書籍の内容をそのままコピーして使ったりしてはいけないと、一日も早く気がつかなければならないのです。

企業にとって人事制度が必要であるとすれば、それは取りも直さず企業の成長発展に役立つものであることが前提です。営業に関する制度もそうです。製造に関する制度もそうでしょう。すべて企業に必要なものは、企業の成長発展に必ず貢献するものでなければなりません。人事制度もその一つであることは間違いないのです。そのため、その人事制度が企業の成長発展に貢献するものであるならば、それは社員の定着や成長、採用に役立つものではなければなりません。

営業の仕組みを導入するときに、その仕組みによってどれだけ成果が上がるかを数字で確認するでしょう。製造の仕組みを導入するときに、その仕組みによってどんな生産性が上がるかを数字で確認するでしょう。すべての仕組みには目的があり、その成否を必ず数字で判断できなければなりません。であれば人事制度もその目的に従って、定着や成長や採用に貢献しているかどうかを、何らかの数字で判断しなければならないのです。

これまではそのことを確認せずに、人事制度を導入してきたかもしれません。しかしこれからの大変革の中で、単に評価を決めればいい、賃金を決めればいいという制度から、本当の目的である「社員がより定着し、より成長し、より採用に貢献する人事制度」へと舵を切らなければなりません。

その正しさは自社の社員が教えてくれます。正しいかどうかは専門家から教えてもらうものではありません。そもそも絶対的な正しさはないのです。日本には385万社の企業がありますので、385万通りの人事制度があるのです。経営者によって評価（褒めること、叱ること）は違います。同じ業種、同じ規模でも昇給・賞与の金額は違います。それでいいのです。そうやって企業が存続発展してきたのですから。それぞれの正しさを何かの数字で、経営者自らが判断できる、そのような人事制度を導入してほしいと思います。

中小企業経営者の方にお伝えします。他社で導入している人事制度は、見本になることはありません。特に大手企業の人事制度は、その企業がこれまで発展する過程で発生した人事上の問題（クレーム）を解決しながら、だんだん制度そのものの規模が大きくなり、複雑になってきています。結果として今の形があるのです。

ですから、今のその企業では活用できたとしても、それを別の企業にそのまま当てはめて運用することは100％不可能です。もし大手企業の人事制度がどの企業にも役に立つのであれば、大手企業が今悩んでいる「働かないオジサン」という問題は発生していないのです。大手企業は大手企業の規模の中で、中小企業は中小企業の現状の中で、その問題を解決しながら人事制度を見直さなければならないのです。

大手企業の経営者の方へお伝えします。

しばしば人事制度は人事部がつくるものだと思われています。もしこの人事制度が社員の定着や成長、採用に役立つものであるとすれば、働かないオジサン、つまり評価と賃金が一致しない社員が発生することはなかったのです。

この問題を人事部だけで解決することはできません。なぜなら、経営者が「全社員を優秀にしよう」と考えたときに、特にイメージする優秀なプレーヤー社員は現場にいるからです。今、現場にいる優秀な社員がどういう社員であるかを、人事部の部屋の中で考えることは無理でしょう。机上の空論に仕上げてしまうことは分かりきっています。

人事部の大事な仕事、第一に優先される仕事は、この厳しい環境の中でも組織原則「2：6：2」があり、優秀な社員がマーケットのニーズにどのように対応して、どのような成果を上げているかを調査することです。その優秀な社員を語ることができるか、可視化できるか、このことが今の時代の人事部が担うべき大事な仕事なのです。

もしかすると、人事部は出世コースやエリート集団であるがごとき錯覚をしていたかもしれません。本当にエリートであれば、企業がこの問題に直面することはなかったでしょう。いえ、エリート社員はこの問題を解決することによって本当のエリートになっていくと私は信じます。

ですからどうぞ、人事部の社員たちに現場の優秀な社員がどういう社員であり、この厳しい環境の中で何をしているのかをまとめさせ、経営者に報告するように指示をしてもらいたいと思います。そうすれば、ここからこの難局を乗り越え、次のステージに合わせてまたさらなる発展を遂げることができるでしょう。

経営者は経営者として、企業のあらゆる制度、仕組みの中で最も重要である人事制度について、何が最も重要な「目的」であるかを確認し、そしてその効果を自ら判断するときが来たと考えてください。そして発言してもらいたいと思います。

「当社の人事制度を社員の定着に貢献する、成長に貢献する、そして採用に貢献するよう見直しをしてください」

規模は違えど、同じ経営者としてそれを実践するときが来たと思っています。日本のために共に推し進めましょう。

社員の皆さんへ

人事制度という言葉に、どんなイメージを持たれるでしょうか。決して明るいイメージのある言葉でないことは確かでしょう。私は人事制度という言葉を44年前に知り、その人事制度をつくるための研究を続けてきました。

その44年の間に、社員の評価をするのが楽しみだという上司に一度も会ったことがありません。また、評価をされるのが楽しみだという部下にも会ったことがありません。どうしてこのように評価に対して悪いイメージがあるのでしょうか。その理由は明らかです。

年に2回から4回、評価シートを渡されて自己評価をする。その次に上司は、この評価シートであなたの頑張りを評価することになります。3カ月から6カ月間の頑張りが、たったこんな紙切れ一枚で評価されるのか、という残念な想いは誰にでもあります。上司は上司で、この紙切れ一枚で社員の評価をすることが本当に可能なのだろうかと不安になっています。でも、評価をしなければならないのです。

なぜなら社員であるあなたは、人生の中で、特にこの人生100年時代と言われる時代の中で、最も人間として活躍できる20歳から60歳過ぎまでの間の大事な人生（時間）を組織の中で過ごしています。すべての人が、いつかはその生命を終えるときが来ますが、そのときに一度しかないこの人生が素晴らしい人生であったかどうかを判断する最大のポイントは、やはりこの組織の中での40年間、人間として成長したかどうかです。もちろん人間として成長したかどうかの判断を、完全なかたちで行うことは不可能でしょう。

しかし、いくつか分かっていることがあります。それは経営者は社員の何を評価しているかです。成果が高いことを評価することは間違いありません。成果を上げるための重要業務をやっていることを褒めることも間違いないでしょう。重要業務を遂行するために必要な知識・技術を持っていることを褒めることも間違いありません。その会社の社員としての勤務態度を守っていることを褒めることも間違いないでしょう。

でも、それで終わりではないのです。成果を上げるそのやり方を他の社員に教えることを最も評価すると宣言する経営者は、私が今まで人事制度の構築指導をした経営者の1301人中1301人、100％なのです。他の社員を成長させる、いわゆる利他の働きをすることを最も評価していたことに多分、社員であるあなたは驚くでしょう。

でも、本当はあまり不思議ではありません。日本では欧米と違い、マネジメントができる人を雇うのではなく、現場で優秀な社員を中堅職層にステップアップさせ、マネジメントをさせます。決してマネジメントができるから、部下指導が上手だからといって中堅職にステップアップさせるのではありません。

中堅職は部下を指導し始める成長階層です。全く血縁関係のない赤の他人である部下に対して一生懸命成長させようとしています。そのことをしっかりやり切った中堅職社員が、次は管理職層にステップアップしていくのです。日本企業の社員の成長に対する認識は、理にかなっています。そしてそのときに、結果として賃金が一番高くなるのです。

通常見聞きする人事制度は、例えば「頑張った社員にたくさん出す」という表現が多いでしょう。それを聞いたら、この会社で成長するのは賃金のためという見方にならないでしょうか。だから、お金のためだけにあまりこの会社で成長したくない、役職に就きたくないという反発的な気持ちを持つ社員が生まれてくるのだと思います。

本当は悩んでいる社員を助けたい気持ちは強いはずです。なぜなら日本ではさまざまな天災があります。地震があります。津波があります。豪雨被害があります。その中でボランティア活動に馳せ参じるたくさんの人がいることを、私たちは知っているからです。

誰かのために役立とう。この想いは私たちの共通の意識ではないでしょうか。もしあなたが一般職層で一人前になり、中堅職層で5人の部下を持てば5人分、そして管理職層に成長すれば「5×5」で25人分の大きな貢献が世の中に対してできることが分かったら、そのような人生をこの組織の中で過ごしてみたいと思わないでしょうか。素晴らしい人生が獲得できると思わないでしょうか。

そのときに結果として賃金が上がるのです。日本では「会社の業績が良いときに、賃金はあなたの成長の後から付いてくる」が、説明としては正しいと私は思っています。

あなたが新人だとしたら、今の会社の雇用、組織はどのように映っているのでしょうか。あなたもいつか一般・中堅・管理職と成長していくことになるでしょう。その頃には、日本の人事制度は社員の成長、物心両面の豊かさ、そして幸せのための最も重要な仕組みであることが常識のように実践されている、そうなるような活躍をしていただきたいと思います。

今すぐには変われないことは分かっています。しかし変えなければ、日本企業の存続はますます厳しくなっていくでしょう。逆に、社員の成長のための人事制度が定着した頃、日本企業が社員の幸せを通じて発展した頃、あなたたちにその考え方を世界に広めていただけないかと思います。

いつか、あなたがその改善・改革をできる立場になった20年後、30年後に、この本をもう一度読み返していただければと思います。そのときにまたお会いしましょう。

あなたが部下を持つ中堅社員だとしたら、やっていただきたいことがあります。それは部下の小さな成長を認めること、そしてすべての部下が成長しやすくなるように、あなたの部下の中で最も優秀な社員がどうして優秀なのかを、成長シートとしてまとめることです。そしてその優秀な内容を教えてくれた部下を、褒めちぎってください。すでにやっていることだとすれば、それを同じ会社の部下を持つ社員、できれば他の会社で部下を持つ知人友人にも勧めてほしいと思います。

部下を指導することは本当に大変なことです。言っても聞かない部下もいるでしょう。誰も言いたくないことを本人に伝えなければならないときもあります。気の合う部下、合わない部下……さまざまな部下をなるべく公平に見ようとしながら、毎日試行錯誤を繰り返して指導をしていることでしょう。

その中ですでに現場で感じている方も多いと思いますが、日本の組織から「教え合う」「助け合う」「感謝し合う」という文化が消えつつあります。それを食い止めるためには、その優秀さを会社で認められ、部下を任されているあなた方、「どうしたら優秀になれるのか」を部下に教え、そして教え合うことで生まれる感謝の気持ちや助け合いの精神を伝えられる立場にいるあなた方の力が不可欠です。

教え合う文化を壊したのは、もしかすると私たちの世代であるにもかかわらず、こんなことをやってほしいとお願いするのは、心苦しい限りです。私も専門家としての立場から、教え合うことを当たり前にできる仕組みづくりの支援・指導を今後も行っていきますが、上司の立場の人たちの賛同なしには成功しません。

簡単なことではありません。でも、ぜひあなたの力を貸してください。

あなたが管理職層として経営者と一緒に会社の今後を考える立場にいるとしたら、ぜひ経営者の考え・これまで行ってきた評価や処遇を可視化した、社員が成長する人事制度づくりを経営者と共に推し進めてください。

管理職の仕事は、まずは中堅職を成長させることです。このことが優先されます。常に答えは現場にあります。現場の一般職層を成長させる中堅職層の指導は大切です。その上で、取り組んでいただきたいことがあります。

これまで、管理職は組織原則「2：6：2」の下の2割の存在に頭を抱えてきたでしょう。どのように指導しても成果が上がらない。そのため「やる気がない」と切り捨てようとしてしまったこともあるでしょう。

これまで下の2割の社員が成長できなかった理由は、意欲がないからではありません。「どうやったら優秀になれるか」が分からなかっただけです。あなたの会社にも優秀な2割の社員がいます。そして重要な業務を行っています。そのための知識・技術を身につけています。そして勤務態度を守っています。その社員をモデルにして成長シートをつくり、残りの8割の社員を優秀にすることに、会社を挙げて取り組んでください。難しくありません。なぜなら新しいことを外から学ぶのではなく、内側にすでに存在することを可視化するだけでいいからです。そして、全員優秀になりたいと思っているからです。

全員の成長点数が優秀な80点になったそのとき、業績も生産性も飛躍的に伸びているでしょう。それを現在の社員だけで実現できるのです。会社を挙げての取り組みは、経営者とともに会社の今後を考える立場にいるあなたにしか行えません。どうぞ、最優先課題としていただくことを願っております。

専門家の皆さんへ

私も一人《いち》事コンサルタントとして、企業の成長発展のための人事制度について研究をし、またその内容を発表してきました。今、日本は大きな環境の変化に巻き込まれ、苦しい状況を経験しています。また、人事制度の導入に失敗して、組織ががたがたになった企業の例をいくつも私は知っています。専門家の皆さんも知っているでしょう。その失敗の原因の多くは、私たち専門家にあると私は考えています。

中小企業の場合、経営者にはもともと、経営者としての評価（褒めること叱ること）の基準を持っており、そしてそれに基づいて昇給・賞与を決めてきたという経験があります。この「経営者が決める」ことは、その企業にとって最も正しい評価であり、正しい処遇であると私は断言しています。なぜなら、今までその企業が当の経営者の決定によって存続発展してきたからです。経営者はよく笑って「勘と経験と度胸で決めてきました」と言われますが、そこにこそ評価や処遇決定の素晴らしいノウハウが詰め込まれているのです。

私たちは、その経営者たちを支援するためにさまざまなことを研究し、そしてより良くなっていただくための情報を提供する社会的な役割を持っていると言えます。そのため、人事制度によって企業に貢献するのであれば、その貢献の度合いをしっかりと何らかのデータで示す必要があります。

もし、ある人事制度を導入することによって労働分配率を67％から37％に改善でき、生産性が30％以上改善できるとすれば、人事制度の効果を判断することができます。また、社員の定着率が70％から95％に改善したり、成長率が20％以上向上したり、そのようなことが数字で表せれば、経営者はさらに的確に人事制度の効果を判断できます。

すべての企業の仕組みがそうであるように、理論でその正否を判断することはできません。その制度を導入することによって目的に到達したかどうかは、必ず何かの数字によって判断しなければなりません。

私たちが提案する人事制度はどれほどの効果があるのか、そろそろ数字でその実現度合いを発表し合うときが来たと言えないでしょうか。例えば政府が今提唱している、従業員の1時間当たりの付加価値です。私は小売業で人時生産性を生産性指標として活用してきました。前勤務先では人時生産性2600円を5600円にすることができました。

もちろん私が一人で実行したのではありません。すべての社員の力です。私がしたのは、社員が力を発揮できるような仕組みをつくったことだけです。その仕組みが人事制度であるとすれば、私がつくったのは「生産性向上人事制度」と表現することもできるかもしれません。何が良いかは、その結果によって示すことができるのです。

今、多くの経営者が時代を生き抜くために、人事制度の抜本的な見直しを考えているでしょう。私たちは多くの企業の存続発展に寄与するために、しっかりとその情報を提供しなければなりません。

人事制度が社員の成長に、または社員の定着に、または採用にどう貢献することができるのか、しっかりと何らかの数字で経営者に示すときが来たと言えるでしょう。私は「成長塾」を始めてから18年間で1301社の人事制度を可視化しました。「私が構築した」と言わないのは、1301社すべての経営者が違う人事制度を持っており、それを可視化するための指導をする役割に徹したからです。

会社によって成長支援制度や成長シートが違います。ステップアップ制度が違います。教育制度も違います。賃金制度も違います。例えば賃金制度一つ取っても、年齢給や勤続給を盛り込んだ経営者もいます。それらを「今までそのような支給をしていなかったから要らない」と言って外した経営者もいます。それは全部正しいと言えるでしょう。

ですから1301社、全社異なる人事制度になりました。私はすべての経営者に、独自の評価や賃金の決め方があり、それを可視化すればよいと提案してきました。他の専門家の方には、専門家としての今までの経験があり、実績があり、そして今でも企業にさまざまな人事制度を提供していることでしょう。専門家である私たちは、その効果について責任を取る時代が来たと言えます。

私たちが自ら各企業に提案している人事制度であれば、それを自らが経営する企業で実践しなければならない。自分の会社では運用していない人事制度を「正しい」と言って、あらゆる業種の経営者に勧めることがあってはならないと考えます。それは、責任のある専門家、コンサルタントとしての仕事の進め方とは思えないのです。

本来のあるべき姿、よって立つべき立場を十分に考えて、私たちコンサルタントはこの時代に共に生きる経営者のために身を削りながら支援をしていきたいと思っています。一緒にこの日本を良くするために、邁進していきましょう。

2021年4月

株式会社ＥＮＴＯＥＮＴＯ
代表取締役　松本順市

松本 順市　まつもと・じゅんいち

ENTOENTO（エントエント）代表
1956年福島県生まれ。学生時代からアルバイトをしていた魚力に、中央大学大学院中退後に入社。社長の参謀役として労働環境改善に取り組み、業界初のサービス残業ゼロ、完全週休2日制を実現。社員の成長を支援する人事制度を構築し、東証2部上場（現在は1部）を達成する原動力となる。93年に独立し、中堅・中小企業を中心に人事制度の指導・支援を展開する。「人事制度を構築できなければ、かかった費用を全額返金する」という品質保証をつけて話題になる。2021年3月末までに1301社の人事制度を構築した。『社員が成長し業績が向上する人事制度』（日本経営合理化協会）など著書多数。

1300社が導入した日本型ジョブディスクリプション

この人事制度が日本企業を強くする

2021年4月19日　初版第1刷発行
2021年5月17日　初版第2刷発行

著　者　松本 順市
発行者　伊藤 暢人
編集協力　白倉 純子　松本 仁美
発　行　日経BP
発　売　日経BPマーケティング
〒105-8308　東京都港区虎ノ門4-3-12
装　丁　中川 英祐（トリプルライン）
本文DTP　トリプルライン
印刷・製本　図書印刷株式会社

ISBN 978-4-296-10881-7
